www.tredition.de

Maria Montes

Patient Moritz

Abenteuer und Katzendiabetes

© 2016 Maria Montes

Verlag: tredition GmbH, Hamburg

ISBN
Paperback: 978-3-7345-1242-1
Hardcover: 978-3-7345-1243-8
e-Book: 978-3-7345-1261-2

Printed in Germany

Seit zwei Jahren wohnte ich bereits in Berlin. Ich war 24 Jahre alt, kam aus einem kleinen Ort in der Uckermark und mich zog es nach meiner Ausbildung in die Weite der Großstadt. Ich wurde unbeschwert auf dem Lande groß und meine Eltern verwehrten mir keinen Wunsch, wenn es um die Anschaffung eines Haustieres ging. Bedingung war natürlich, dass es meine alleinige Aufgabe war, mich um meine Tiere zu kümmern. Auch Katzen hatte ich als Kind mit nach Hause gebracht, wobei diese jedoch nach ihrer Pubertät in der Natur ihr eigenes Leben führten. Sie holten sich zwar Streicheleinheiten und natürlich auch leckeres Futter ab, verschwanden dann bald wieder in der Weite der Wiesen und Felder.

In der Großstadt wäre mir nie der Gedanke gekommen, eine Katze anzuschaffen. So wurde ich eines Tages Aquarianerin. Ich kaufte schöne bunte Fische und ließ sündhaft viel Geld in der Zoohandlung, bis ich den richtigen Dreh mit dem Wasserbecken raus hatte. Bei einem späteren Zoohandlungsbesuch nahm ich aus Mitleid noch eine Harlekinkrabbe mit nach Hause, natürlich samt weiterem Aquarium. Die Krabbe wurde von ihren Artgenossen augenscheinlich ziemlich gemobbt und hatte wenig dagegen zu halten, ihr fehlten durch irgendwelche Umstände zwei Beine. Nachdem sie einem Monat bei mir ein Luxusleben führte, staunte ich nicht schlecht. Die Krabbe, welche ich Katrin nannte, schälte sich eines Tages aus ihrem Panzer … und … plötzlich… waren wieder alle Beine wieder vollständig vorhanden. Das Schalentierchen hatte es in sich, ich war stark beeindruckt.

Manchmal geschehen im Leben spontane Dinge, die ungeahnte Veränderungen nach sich ziehen, nicht planbar und ganz unverhofft. Es geschah an einem Mittsommerabend im Jahr 1998. Nach einem Einkaufstrip kamen alte Freunde aus der Uckermark bei mir auf einen Abstecher vorbei. Sie hatten zuvor abgeklopft, ob es mir recht wäre, wenn bei ihrem Besuch ein kleines Katzenbaby im Gepäck dabei wäre. Natürlich hatte ich nichts dagegen, stellte aber vorsorglich klar, dass ein Vermittlungsversuch an mich ganz sicher scheitern würde. Sodann standen sie wenige Stunden später mit einem Weidenkorb in der Hand vor meiner Wohnungstür. Neugierig schaute ich nach und entdeckte ein im Vergleich zum Transportkorb winziges Kätzchen, schwarz, putzig und erfrischend neugierig. Für mich sah das Katzenbaby durch den kleinen Kopf und die große Ohren irgendwie aus wie eine Fledermaus. Den Riesenohren folgte ein kleiner, magerer und zerzauster schwarzer Körper.

Mit großer Wahrscheinlichkeit, dachte ich mir, lagen die gescheiterten Vermittlungsversuche an seinem Äußeren. Um die kleine Mieze aufzupolieren wäre einiges an Aufwand nötig. Meine Freunde hatten den kleinen Streuner mit anderen Kätzchen aufgenommen und versuchten sich an deren Vermittlung, da es ihnen selbst nicht möglich war, weitere Kätzchen aufzunehmen. Der Kleine war ziemlich mager aber ein wirklich nettes Katzenkind, so unglaublich dankbar für Streicheleinheiten, fühlte er sich schnell ganz wohl in meiner Wohnung. Eine kurze Untersuchung meinerseits ergab, dass dieses Katzenbaby ein Kater war und unter mehr als nur Unterernährung litt. Das Haarkleid war flohübersät, Milben hatten es sich gemütlich gemacht und die Verkrustungen in den Ohren machten dem kleinen Kater sicher ganz gut zu schaffen. Dennoch schien er außerordentlich frohsinnig zu sein. Mit gespitzten Ohren und forschem Schritt erkundete er mein Zuhause. Immer, wenn er in meine Nähe kam und zu mir aufsah, lief er zielsicher näher auf mich zu, fing zu schnurren an und wickelte sich um meine Beine.

Er erkannte wohl recht schnell und intuitiv die Chance, welche sich ihm hier bot, endlich ein beschaulich angenehmes Katzenleben führen zu können. Ich blieb standhaft, ging ich doch zu diesem Zeitpunkt auch davon aus, dass es für eine Katze kein Lebenstraum sein würde, in einer Wohnung die Lebenszeit zu verbringen. Noch dazu war ich den ganzen Tag bis spät unterwegs .Eine Großstadtwohnung war nun wirklich kein Abenteuerspielplatz, jedenfalls nicht aus meiner Sicht.

Nach 3 Stunden war ich vom Dauerschnurren des putzigen Katers eingelullt und kam auf eine, wie ich fand, ganz tolle Idee.

Ich könnte doch versuchen aus dem noch etwas unansehnlichen Kätzchen einen richtig hübschen Tiger zu machen, ihn baden, entflohen und mich darum kümmern, dass er in einiger Zeit aussieht wie ein Katzenbaby zum Verlieben. Die Vermittlung an eine Familie mit Garten

empfand ich als kleinere Hürde. Ich musste nur noch meinen Mitbe-
wohner von der Idee überzeugen und genau das war die schwierigste
Kiste an meinem Plan, er mochte keine Katzen und so erschien mir die
Idee sogleich als absolut unmöglich.

Als sich der Mitbewohner nun zum späteren Abend ebenfalls einfand,
trug ich überfallartig, mit der Rückendeckung meiner Freunde, den
Katzenvermittlungsplan vor und stieß auf sofortige Ablehnung.

Ich warf noch einmal all meine guten Argumente in die Debatte und
versuchte für den kleinen Streuner zu punkten. Es war wirklich an-
strengend und mein gegenüber blieb leider standfest.

Ich war enttäuscht und es tat mir leid für das kleine Kätzchen.

Da ich am nächsten Morgen zeitig aufstehen musste, verließ ich die
Runde um Schlafen zu gehen. Eindringlich richtete ich nochmals die
Bitte an meinen Mitbewohner, sich die Angelegenheit der vorüberge-
henden Katzenobhut noch einmal zu überlegen, schließlich kannte ich
viele Leute, habe täglich Kontakt mit vielen Menschen und könnte so
für eine Vermittlung geradezu garantieren, was ich zu diesem Zeitpunkt absolut ernst meinte.

Ich überließ dem Zweibeiner die Entscheidung, wenngleich ich mich
doch unzufrieden ins Bett begab.

Am nächsten Morgen wachte ich auf, ging zunächst wie üblich ins Bad.
Genau jetzt erinnerte ich mich an die Ereignisse des gestrigen Abends.
Da war doch eine kleine Katzenschnute, welcher ich so gern geholfen
hätte ein schöner Kater zu werden und ein beschauliches Zuhause zu
finden. Als ich mich am Abend zuvor von ihm verabschiedete, hatte er
so schön geschnurrt, sodass ich mir wirklich gewünscht hätte er würde
eine Weile bleiben dürfen. Ich betrat den Flur und bemerkte, dass die
Küchentür geschlossen war. Etwas verwundert fragte ich mich, ob die
gesellige Runde gestern in der Küche noch geraucht hatte. Kurz hatte
ich den Blitzgedanken, dass sich das kleine Flohbündel vielleicht doch
hinter dieser Tür befinden könnte. Sogleich verwarf ich den Gedanken,
da mein Mitbewohner kein Katzenfreund war. Ich drückte die Klinke
etwas hoffnungsvoll und öffnete. Der Abend schien sich weit in die
Nacht ausgedehnt zu haben, die Spuren waren unschwer erkennbar.
Der Tisch war nicht abgeräumt, alles stand herum, Geschirr, Gläser,

Bierflaschen und Reste von Knabbereien. Kurzum ein ziemliches Chaos schlug mir entgegen. Nicht nur der Anblick der Spuren des vergangenen Tages stimmte mich niedergeschlagen, auch die Tatsache, dass das kleine Kätzchen mit den Freunden abgereist war, machte mich irgendwie traurig. So fasste ich den Entschluss kurzum ein wenig aufzuräumen, bevor ich zur Arbeit musste. Ich räumte den Tisch ab und setzte Wasser für einen Kaffee auf, als ich ein raschelndes Geräusch vernahm. Ich drehte mich um, konnte es aber nicht einordnen.

Es raschelte wieder, hinter der Tür. Dort stand ein Karton für die ausgelesenen Zeitungen. Ich ging hin, um nachzusehen. Plötzlich kamen aus dem Karton zwei schwarze Fledermausohren hervor. Ich traute meinen Augen nicht und jauchzte vor Glück. Der Kleine freute sich mindestens genauso, als er mich sah. Ich war überwältigt und so unglaublich froh, dass er hatte bleiben dürfen.

Mit einem Satz sprang er aus dem Karton und kam mir hocherfreut und tapsig entgegen. Mein Mitbewohner hatte wohl doch ein Herz für das arme kleine Katzenbaby.

Überwältigt vor Freude nahm ich ihn auf den Arm und war so unbeschreiblich zufrieden, als er schnurrte. Mir kam der Gedanke, dass er etwas Futter bräuchte und machte ich mich sogleich daran etwas zu suchen, was den Kleinen satt machen könnte. Ich öffnete den Kühlschrank, zwei Würstchen und etwas Leberwurst fanden sich und Thunfisch. Ich entschied mich für den Thunfisch und servierte ihm eine kleine Portion.

Mit Sicherheit hatte er so etwas noch nie gefressen, als würde er es einatmen, so schnell verschwand die Portion vom Teller. Ich gab ihm nach und nach etwas mehr davon. Es stellte sich heraus, dass er ein Nimmersatt war.

Mir kam der Gedanke, dass der kleine Kerl ja irgendwo hinmachen musste, wenn ich das Haus verließ und erst am Abend alles Notwendige einkaufen konnte.

In einer Zeitschrift hatte ich mal gelesen, dass Katzen auch in zusammen geknülltes Zeitungspapier machen. Ich hatte eine kleine Wanne und präparierte diese übergangsweise als Katzenklo, in der Hoffnung das kleine Baby würde mir nicht die ganze Wohnung vollpinkeln.

Ich streichelte und liebkoste ihn noch einen Moment, zeigte ihm das provisorische Klo und dann war es Zeit mich für die Arbeit fertig zu machen.

Meinem Mitbewohner schrieb ich einen Zettel mit einem riesigen Dankeschön und wies ihn an dem Kätzchen den Rest aus der Dose noch zu geben, bevor er das Haus verlässt.

So machte ich mich beschwingt auf den Weg zur Arbeit und bekam die Bilder, wie das schwarze kleine Kätzchen aus dem Karton hervor lugte nicht mehr aus dem Kopf.

Nach Arbeitsschluss freute sich die Kasse des naheliegenden Tierarztes und der Zoohandlung außerordentlich über meinen Besuch. Allerlei Anschaffungen waren notwendig, Medikamente, Badezusätze, Anti-Flohmittel, Katzenklo, Fressnapf, Futter, Kratzbaum und weiteres Zubehör für ein Katzenkind. Als ich mit allem nach Hause kam, wurde ich herzlich empfangen. Als ich die neue Katzentoilette mit der Streu aufstellte, verschwand der Kleine sofort darin und puschte kräftig los, genial wie das funktionierte. Das provisorische Klo hatte er auch benutzt, ich war stolz das er so ein feines Kätzchen war und wusste, was sich gehört. Der Umstand, dass er sofort sauber war, hat mich schwer beeindruckt.

Schwieriger jedoch war es einen passenden Namen für den kleinen Abenteurer zu finden. Schließlich sollte dieser Name zu ihm passen und natürlich auch den zukünftigen Besitzern gefallen. Der Name sollte seine vorwitzige und herzliche Art, als auch seine unstillbare Neugier ausdrücken… Hmmhhh….

So beschloss ich, seinen Charakter noch etwas auf mich wirken zu lassen und dann eine Entscheidung zu treffen. Nach einigen Telefonaten zur Namensfrage und längerem Rätseln mit meinem Mitbewohner am Abend, wurde er schließlich ein Moritz.

Mein Zögling erhielt fortan zahlreiche Kosenamen, wobei er mir untrüglich das Gefühl gab, das meine Rufe nach ihm, wie Ritzmo, Bertchen oder Berti, ihm persönlich ganz besonders gut gefielen.

Er war immer verzückt, wenn ich ihn ansprach und fühlte sich blitzschnell, wie ein vollwertiges Mitglied der Wohngemeinschaft. Ich glaube er war sehr glücklich über den gewonnenen Lebenswandel und mir bereitete es wirklich viel Freude sein Leben angenehm zu bereichern. Fortan wurde mein kleiner Moritz jeden Abend gebadet, dann bis zum Hals eingewickelt und saß dann unbeweglich in eine Decke gerollt für fünfzehn Minuten auf der Couch. Witzig sah es aus, ab und zu tat er mir wirklich leid, aber er nahm alles geduldig hin.

Wenn er wieder trocken war, beschlich mich immer das Gefühl, dass er stolzierend herumspazierte und selbst ganz angetan von seiner erworbenen Sauberkeit war.

Die stinkende Medizin nahm er brav ein und war wirklich ein sehr angenehmer Patient. Moritz belebte und erfrischte meinen Tagesablauf, ich freute mich nach Hause zu kommen und widmete mich dem, was ihn glücklich zu machen schien.

Tollpatschig und verspielt entdeckte er jeden Tag seine kleine Welt in meiner 2-Zimmer Wohnung und lag abends schlafend mit einem dicken Kullerbauch in den putzigsten Schlafstellungen herum.

Wir gewöhnten uns so innig aneinander und ich genoss es sehr, wenn er voller Glück den besten Platz auf der Couch einnahm, es sich auf meinem Schoß bequem machte und bis zum Anschlag zufrieden schnurrte.

Kurzum Moritz hatte mich schnell im Griff und wusste, wie er mich dazu bringen konnte, all die Dinge zu tun, welche ihm behagten.

Nach nur vier Wochen war aus dem mickrigen, kleinen Streuner ein richtig hübsches Katzenkind geworden. Unsere Anstrengungen hatten sich wirklich ausgezahlt. Moritz hatte seidig glänzendes, flauschiges Fell, sauberen Ohren und eine spitzbübische Zufriedenheit seiner eigenen Schönheit, sodass jeder der ihn fortan wiedersah, nicht schlecht über seine positive Verwandlung zu staunen begann.

Als mein Bruder Moritz anfangs sah, meinte er: „Warum hast du dir nicht eine schöne Katze ausgesucht?" Er kannte ja die Umstände noch nicht.

Immer wenn ich ihn ansah, erfreute sich mein Herz an dem nun wirklich hübschen kleinen Katzenkind. Ungeahnt dessen, was mir noch bevorstehen sollte,
wurde mir bei dem Gedanken daran ihn womöglich bald abgeben zu müssen sehr mulmig, Traurigkeit beschlich mich.
Hatte ich mich doch so sehr an das Leben mit ihm gewöhnt, dass es fast unvorstellbar für mich schien, ihn einem anderen Menschen anzuvertrauen. Andererseits hatte ich meinem Mitbewohner versprochen dafür Sorge zu tragen, dass er ein schönes Zuhause erhielt, wenn er dann wie ein schönes Katzenbaby aussehen würde. Weil sich dieser Zeitpunkt unvermeidlich näherte, versuchte ich mich an den Gedanken des Abschieds zu gewöhnen, wenn auch mit sehr viel Wehmut und Traurigkeit.

Moritz saß mit Vorliebe auf dem inneren Fensterbrett und beobachtete das Geschehen außerhalb. Er stillte seine Neugier und ich gönnte ihm seine Aussicht auf das, was ihm vielleicht in der Großstadt verborgen bleiben würde. Ich hörte mich immer wieder nach Interessenten um. Es zeichnete sich durch eine erfolgreiche Vermittlung ab, dass bald der Zeitpunkt kommen würde, an dem ich meinen Schützling hergeben müsste.
An einem sonnigen Samstagnachmittag, den ich nie vergessen werde, kehrte ich am frühen Nachmittag von der Arbeit nach Hause zurück und wurde wie immer liebevoll an der Tür erwartet. Ob er mich am Schritt erkannte oder am Geräusch meines Autos, vermag ich nicht zu sagen. Moritz stand immer wenn ich aufschloss an der Tür.
Nach dem Essen begab ich mich ins Wohnzimmer, Moritz saß auf der Fensterbank.
Er schaute umher und mit gespitzten Ohren beobachtete er das Treiben draußen.
Ich ging kurz aus dem Zimmer, um etwas zu holen.
Plötzlich vernahm ich ein ungekanntes Geräusch, es hörte sich an, als streiften Fingernägel eine Tafel, durch meinen Kopf schoss es …
MORITZ !!!

Als ich wie von Sinnen zurück ins Zimmer lief, saß Moritz nicht mehr auf der Fensterbank. Ich trat an das Fenster heran und hörte benommen das Geräusch seines Aufpralls. Hektisch sah ich durch das geöffnete Fenster herunter und sah Moritz auf dem Bürgersteig hocken. Fassungslos über das Geschehene flogen mir Millionen Gedanken durch den Kopf. Moritz war aus dem 3. Stock in die Tiefe gefallen und ich war schockiert und fassungslos.

Kopflos rannte ich im Eiltempo die Treppen hinunter, voller Angst und Leid und fand Moritz völlig benommen auf dem Gehweg. Ungern möchte ich seinen Zustand beschreiben als ich ihn vorfand, es sah nicht gut aus.

Als ich ihn hoch nahm war er völlig verwirrt und stand sichtlich unter Schock, eine Pfote hing schlaff herunter und ließ unschwer erkennen, dass sie gebrochen war.

Niemals hätte ich gedacht, dass eine Katze aus dem Fenster springt. Schließlich sind sie Balancekünstler, dachte ich. Die Tierärztin berichtete später das Katzen den Sprung nicht bewusst tun, solange der Jagdinstinkt nicht geweckt wird. Ist dieser aktiviert, zum Beispiel durch eine Fliege oder einen vorbeifliegenden Schmetterling verliert die Katze das Bewusstsein zu realisieren, wo sie sich gerade befindet. Sie springt einfach, um ihre Beute zu fangen.

In der Natur sind diese Gefahren nicht unbedingt lebensgefährlich. Fällt die Katze vom Baum, fängt sie sich in weichem Gras ab.

Ich hatte zuvor darüber leider nicht weitreichend nachgedacht und kam mir dumm und einfältig vor.

Mittlerweile habe ich von unzähligen Katzenliebhabern diese Geschichten gehört und man sollte wirklich immer davon ausgehen, dass etwas passiert, wenn man als Mensch den Katzenbereich nicht sichert.

Ich nahm meinen Moritz vorsichtig auf dem Arm und trug ihn unter Tränen nach oben. Wie in Trance nahm ich seine Transportkiste und legte ihn ganz vorsichtig hinein. Im Normalfall hätte er einen Aufstand gemacht, aber er war immer noch sehr benommen von dem schrecklichen Ereignis.

Völlig aufgelöst rasten wir zum nächsten Nottierarzt. Leider war die Ärztin zu einem Hausbesuch, wir warteten vor der Praxis auf einer Treppe in einem typischen Berliner Altbau. Moritz in meinem Arm in eine Decke gehüllt, ich hielt ihn fest und sprach immer wieder tröstende Worte. Bei seinem Anblick konnte ich nicht aufhören zu weinen und machte mir unsagbare Vorwürfe. Moritz sah nicht wirklich so aus, als gäbe es Hoffnung auf seine Genesung.

Die Sprüche „Katzen haben sieben Leben" sind natürlich in aller Munde, aber in unserer Situation wäre ich so unendlich froh darüber, wenn es nur dieses eine Mal mit dem Überleben klappen würde. Die Holztreppen knarrten, jemand kam die Treppen herauf. Ich hoffte auf die Ärztin, erkannte aber, dass ein Rottweiler mit Herrchen sich uns näherte. Schnaufend und sabbernd kam der Hund näher. Plötzlich erklang ein kleinlautes Fauchen aus Moritz`s Maul und völlig verblüfft schaute ich meinen kleinen Unglückskater an. Es stieg Hoffnung in mir auf. Wenn er vermochte dem Hund die Warnung auszusprechen, war ihm vielleicht doch irgendwie zu helfen. Im nächsten Augenblick kam schon die Tierärztin die knarrende Treppe hinauf.

Dank der anderen, überaus netten Tierhalter, durften wir sofort die Ersten sein.

Moritz wurde gründlich untersucht, die Pfote war kompliziert gebrochen, der Gaumen durch den Aufprall verletzt und durch die Blutungen konnte nicht mit Gewissheit ausgeschlossen werden, dass er alles unbeschadet überstehen würde. Die Ärztin wies mich darauf hin, dass sein Kopf innere Verletzungen haben könnte. Es bestand ein Restrisiko, dass er später vielleicht eingeschläfert werden müsste, sollte er durch mögliche Gehirnverletzungen unnormales Verhalten aufweisen. Ich fühlte mich so traurig, dumm und empfand tiefes Mitleid mit meinem Kätzchen. Hätte ich doch nur etwas weiter gedacht....

Zunächst begann die Tierärztin mit der Versorgung der Baustellen nach Dringlichkeit. Auf meinem Arm schlief Moritz sich in seine erste Narkose. Umgehend teilte mir die Tierärztin mit, dass sie ihn im Zuge der anstehenden OP gleich kastrieren würde. Ich empfand diesen Eingriff als zusätzliche Katastrophe, da er doch bereits Schlimmes hinter sich hatte. Sie jedoch war davon überzeugt, dass er diesen Eingriff kaum spüren würde, im Gegensatz zu den anderen schmerzenden Nachwehen und Prellungen des Fensterausfluges.

Für die Röntgenaufnahmen der Pfote passierten wir den langen Flur der Praxis, hin zum Röntgenzimmer. Moritz schlief auf meinem Arm, immer wenn ich ihn ansah rollten mir die Tränen wieder aus den Augen. So öffnete ich mühsam die große, schwere Altbautür, welche über einen weiteren Flur zum Röntgenzimmer führte und entdeckte erschrocken einen riesigen bunten Ara-Papageien.

Im Tiefflug flatterte der Riesenvogel über meinem Kopf und schrie wild herum. Ich hatte Angst und hielt meinen Oberkörper schützend über mein kleines Bündel im Arm, als ich eine Stimme aus dem Röntgenzimmer hörte: „ Lola ist kein Problem, kommen sie durch!"

Später sollte ich erfahren, dass dieser Papagei aus schlechten Verhältnissen gerettet wurde und sein Asyl nun bei der Tierärztin im Vorzimmer des Röntgenraumes gefunden hatte.

Da mein Moritz erst zwölf Wochen alt war, wollte die Ärztin versuchen die gebrochenen Knochen durch einen Stabilisierungsverband zum Heilen zu bringen. Sie informierte mich darüber, dass diese Mission im schlechtesten Fall auch scheitern könnte und ich dann mit Moritz in eine Tierklinik müsste, um die Pfote nageln zu lassen. Auf meine Nachfrage, was das denn kosten würde, betete ich darum, dass der geplante Versuch mit der Stabilisierung erfolgreich sein würde. Die Kosten einer Tierklinik hätten mein Budget weit überreizt.

Diese Tierärztin stellte sich als absoluter Glücksgriff heraus. Bevor sie die Pfote richtete und dann einen Zinkverband anlegte, der Moritz in den nächsten vier Wochen begleiten sollte, rief sie mal eben in Brasilien an, um sich bei einem Kollegen zu versichern, dass ihre Vorgehensweise durchaus erfolgsversprechend sein würde. Dieser bestätigte und ich konnte nach vier Stunden mit meinem verunglückten Kätzchen nach Hause.

Völlig verheult und sichtlich mitgenommen von den schrecklichen Ereignissen des Tages suchte ich nach einem geeigneten Plätzchen für den Kleinen.

So legte ich ihn in seinen Katzenkorb, er sollte sich so wenig wie möglich bewegen. Besorgt erwartete ich vor dem Körbchen auf seine

Rückkehr aus der Narkose. Der kleine Kerl musste jetzt leiden, weil ich so unwissend und naiv gewesen war. Immer hatte ich Katzen in Fensternischen sitzen sehen, aber mir nie wirklich Gedanken über die Gefahren gemacht.

Plötzlich bewegte sich etwas im Katzenkörbchen. Moritz wurde langsam wach, öffnete die Augen und schaute mich mit einem kläglichen Mauzen an. Er rappelte sich so gut es ging auf, noch völlig benommen und gebeutelt von den Ereignissen steuerte der kleine Held ganz bestimmt sein Katzenklo an. Ich war überrascht und schwer beeindruckt von seiner Willensstärke, mein kleiner Kämpfer war wieder erwacht und ging mal gleich aufs Klo.

Schnell fand er sich wieder zurecht. Nur hatte ich das Gefühl, dass ihm der verbliebene Geruch nach Tierarzt an seinem Fell nicht besonders behagte. Er putzte sich unaufhörlich. Mit der verbundenen Pfote trat er ganz normal auf und machte es sich an diesem Abend wieder schnurrend auf meinem Schoß bequem. Ich war irgendwie erleichtert und trotz der Erlebnisse voller Hoffnung auf seine Genesung.

An diesem besagten Abend durfte der kleine Moritz das erste Mal in meinem Bett schlafen und genoss die neuen Möglichkeiten in vollen Zügen. Bereits am nächsten Morgen war ich mir sicher, dass es schnell mit ihm bergauf gehen würde, er war wohlauf und schon wieder voller Neugier. Nur meine Sorge um die Pfote blieb, da man erst nach vier Wochen auf dem Röntgenbild sehen würde, ob die Knochen gut verheilt waren. Ich besorgte mir Kindersocken mit Stoppern und zog sie über den Verband, ein Haargummi sorgte für Halt. Es sah manchmal wirklich zu niedlich aus, wie er mit der Socke umher flitzte.

Ein Gedanke aber kam mir wieder in den Sinn und es war mir wirklich egal, was mein Mitbewohner davon hielt. Für mich war es nun ganz sicher, dass Moritz fortan ein Teil meines Lebens bleiben würde und ich ihn niemals wieder hergeben könnte. Moritz, die kleine schwarze Schmuseschnute, hatte schon von Anfang an kräftig versucht unseren zweibeinigen Mitbewohner umzustimmen. Also fasste ich den Mut und trug meinen beharrlichen Standpunkt, das Kätzchen auf jeden Fall zu behalten, vor. Die Reaktion überraschte mich vollkommen. Absolut unerwartet erntete ich sofort Erfolg. Moritz würde bleiben dürfen, ich war wirklich überglücklich.

Die Fellnase hatte es wirklich geschafft, auch ihn zum Katzenliebhaber zu transformieren. Nachdem ich mich eindringlich informiert hatte, ob eine Wohnung als Lebensraum für eine Katze ausreiche, war ich froh zu erfahren, dass meine Wohnung als Katzenzuhause absolut in Ordnung wäre.

Der kleine schwarze Feger erholte sich gut und jagte auch mit seinem verbundenen Bein wild durch die Wohnung, hoch und runter und wieder hoch, kein Problem, er hat sich mit dem Verband bestens arrangiert. Auch stellte sich bald heraus, dass er durch die Kopfblutungen keine Folgeschäden haben würde. Die letzten Untersuchungen nach sechs Wochen ergaben, dass die Pfote ganz wunderbar zusammen gewachsen war und als der Verband abkam, gab es für Moritz kein Halten mehr. Er hatte einiges nachzuholen.

Jene unschönen Ereignisse verblassten in unseren Gedanken und gerieten ganz schnell in Vergessenheit.

Immer aufs Neue war ich beeindruckt von der unstillbaren Lebensfreude meines Katers und seiner vorwitzigen Neugierde. Sehr oft hatte ich das Gefühl, ich muss ihn vor allem Unglück bewahren, weil er so ein wahnsinniger Draufgänger war.

Meine Gedanken sollten bestenfalls den seinen immer einen Schritt voraus sein.

Es ist schon sehr gewöhnungsbedürftig ein Katzenbaby um sich zu
haben, gefühlt sind sie einfach überall. Ich weiß nicht wie oft ich den
Moritz aus Versehen geschubst und auch getreten habe. Er nahm es
mir nie übel. Egal wo ich stand, lief, mich setzte war Moritz sofort da,
sogar ins Badezimmer wurde ich verfolgt.
Eines Abends lag ich mit viel Schaum in der Badewanne, versuchte ein
wenig abzuschalten und schloss meine Augen für einen Moment.
Plötzlich sprang Moritz auf den Wannenrand und begann nach meinem großen Zeh zu hakeln, welche aus dem weichen Schaumbad heraus lugte.
Das Spielchen ging immer weiter, ich zog den Fuß ins Wasser und
schob ihn wieder hinaus. Irgendwann tauchte er seine Pfote meinem
Fuß hinterher. Als er beim heraus ziehen realisierte, das seine Pfote
nass war, schüttelte er sie kräftig und schaute verdutzt drein. So tollten wir mit dem Zehenspiel noch eine Weile, ich amüsierte mich köst-

lich. Als es ihm über wurde, beschloss Moritz noch ein wenig auf dem Wannenrand herum zu spazieren. Da seine Pfote noch nass war, erfüllte sich meine schlimmste Ahnung. Plötzlich rutschte er, fing an zu rudern und platsch...lag er bei mir in der Wanne. Völlig erschrocken versuchte er wieder hinaus zu kommen. Leider benutzte er mich als Stütze zum Absprung, was einige Kratzer an mir hinterließ. Nun musste ich schnell hinter ihm her, um ihn trocken zu reiben, er war völlig aufgewühlt, noch immer saß ihm der Schreck im Nacken.
Soviel zu einem gemütlichen Abend im Wannenbad, mit Katze.

Katzenmama zu sein hatte für mich auf dem Land eine ganz andere Bedeutung als nun in dieser Großstadtwohnung. Der Stubentiger musste sich innerhalb der Wohnung beschäftigen und beschäftigt werden. Eine artgerechte Haltung, sowie Spielplätze musste ich ihm durch einige Umbaumaßnahmen ermöglichen. So ließ ich meinen kreativen Ideen für Katzenspielplätze freien Lauf, passend in die Wohnungseinrichtung integriert.
Ich tat alles, um sein Leben angenehm und aufregend zu gestalten und hatte das Gefühl, dass Moritz sich mit meinen Arrangements wohl fühlte. Wahrscheinlich war er ganz zufrieden, weil er nichts anderes kannte.
Immer wenn ich beim Shoppen etwas für ihn besorgt hatte, war für Moritz bereits beim Auspacken klar, dass diese Neuanschaffung nur für ihn bestimmt sein muss. Ich genoss seine Freude immer wieder aufs Neue. Am meisten liebte er kleine Fellmäuse, Tischtennisbälle, Kügelchen aus Alupapier und natürlich Kartons und Kisten. Die Kügelchen hat er irgendwann sogar apportiert, das hatte mich ziemlich überwältigt. Manchmal fand ich Fellmäuse im Fressnapf abgelegt, was auch immer er mir damit sagen wollte.
In der gesamten Wohnung standen irgendwann Kartons in den Ecken herum, Moritz liebte behagliche Verstecke und wenn ich dann vorgab, ich würde erfolglos nach ihm suchen.
Manchmal schoss er mir mit einem Satz entgegen, als würde er mich ganz bewusst erschrecken wollen. So spielten wir gemeinsam Verste-

cken, jedenfalls aus der Sicht meines Katers, weil ich so tat, als würde ich nicht wissen, wo er sich verkrochen hatte.

Er tollte so wundervoll verspielt umher, dass ich mich immer wieder über ihn und seine niedliche Art amüsieren konnte. Wenn meine Freundin mich besuchte, meinte sie oft, es wäre schöner dem Moritz zuzusehen, als einen Film im Kino anzuschauen. Am niedlichsten fand ich die Jagd nach dem eigenen Schwanz. Leider ließ dieses Spiel irgendwann nach, als er erkannte, dass dieser Fellpuschel zu ihm selbst gehörte. Köstlich amüsante Szenen sind mir dazu in Erinnerung geblieben und verblassen bis heute nicht.

Mein Moritz war natürlich ein ganz besonders tolles Kätzchen, wie es wohl ein jeder Katzenbesitzer von seiner Mieze behauptet. Er hatte so viel Herz und vor allem Charakter, war außerordentlich putzig und ungemein schlau. Seit er klein war, hatte ich ihn oft auf meiner Schulter umhergetragen. Zum Teil, weil ich ihn manchmal fast übersah, zum anderen weil wir beide sehr gern kuschelten und das gegenseitige Anschmiegen mochten. Anfangs liebte er es am meisten es sich unter meinem Pullover bequem zu machen. Als er zunehmend größer wurde, suchte er sich einen anderen Lieblingsplatz an mir. Auf meiner

Schulter hatte er wohl einen schönen Ausblick und auch wenn ich mit ihm durch die Wohnung lief, kochte oder am PC saß, balancierte er sich gekonnt so aus, dass ich manchmal das Gefühl hatte ein wandelnder Ausguck zu sein. So konnten wir aber auch gemeinsame Nähe auch dann genießen, wenn es mal turbulent zuging und weniger Zeit zum Kuscheln blieb.

Ich ging davon aus, dass sich meine Schulter mit zunehmender Größe des Katers erübrigen würde. Nun, diese Größe wurde nie erreicht, sein Platz auf meiner linken Schulter blieb immer seine Zweisamkeitszone und der sicherste Zufluchtsort beim Tierarzt .Immer kletterte er vom Tierarzttisch auf meine Schulter um Schutz zu suchen. Es war sein spezieller Platz, der ihm anscheinend viel bedeutete...und mir natürlich auch.

Ein besonderes Highlight in der Wohnung waren die Aquarien. Moritz gefiel natürlich die Wärme der Beleuchtung, wenn er oben darauf schlief. Aber mit unermüdlicher Vorliebe versuchte er die Fische zu fangen, ein herrlicher Spaß dabei zuzusehen. Manchmal habe ich so herzhaft gelacht bis ich Muskelkater im Bauch verspürte. Er versuchte es immer wieder, bis zur völligen Erschöpfung. Anfangs erschraken die Fische wenn die Katzenpfote sich am Aquarienglas bewegte, irgendwann hatte ich das Gefühl, die Fische machten sich einen richtigen Spaß daraus, dass er sie nicht erwischen konnte und tollten provozierend vor seiner Nase herum.

Moritz beeindruckte mich immer wieder neu mit seinem besonderen, lausbübischem Witz und seiner nie endenden Abenteuerlust.

Ich wäre nie auf die Idee gekommen, dass Katzen Fernsehen schauen. Es ist wohl schwer zu beurteilen, wie Tiere Fernsehen hören und wahrnehmen, ich ging bis zu folgendem Erlebnis grundlegendem von tierischem Desinteresse aus.

Auf der Mattscheibe lief eine Tiersendung, es ging um Wasservögel. Plötzlich, mit einem Ruck saß Moritz kerzengerade auf der Couch, sprang dann blitzschnell von der Couch und lief in schleichender Duckhaltung hinüber vor den Fernseher. Ich schaute fragend hinterher. Dann setzte er sich davor und beobachtete das Treiben am Bildschirm.

Ich fand es herrlich amüsant und wartete ab. Er konnte ganz sicher die Vögel sehen und hören.

Nachdem er das Getier eine Weile still beobachtete, stellte er sich vor dem Fernseher auf, um zu prüfen, ob er die flatternden Vögel erhaschen könnte. Mit Fangen klappte es nicht, so suchte er hinter dem Fernsehschrank und um den ganzen Fernseher herum. Er drehte sich zu mir und sah mich mit aufsteigenden Fragezeichen über dem Kopf an. Er suchte immer weiter. Ihn dabei zu beobachten war grandios und super unterhaltsam. Es verging bestimmt eine halbe Stunde, seine Hartnäckigkeit war bewundernswert. Irgendwo mussten diese Flattervögel doch stecken, er hatte sie doch genau gesehen. Es dauerte ziemlich lange bis er enttäuscht von der Jagd abließ.

Verrückte Episoden gab es auch mit Moritz und meiner Krabbe. Katrin, die Krabbe, war ein Naturkunstwerk. Nie hätte ich einer Krabbe Lern-vermögen zugetraut, doch sie war richtig clever und besaß eine enor-me Auffassungsgabe. Sie hatte ihren Platz im Badezimmer bekommen, schon allein, um Ruhe vor Moritz zu haben. Wenn er nun Zutritt ins Badezimmer bekam, war sein erster Blick in Richtung der hartschali-gen Dame. Er liebte es zu sehr die Krabbe und ihr Treiben im Aquarium zu beobachten. Moritz war fasziniert, wie sie sich seitlich und oft blitz-schnell bewegte. Manchmal konnte ich seine Gedanken lesen und ich wusste, dass er so gern versuchen würde auf das Aquarium zu kom-men, um seine Nase einfach mal von oben durch das Futterloch rein-zuhalten und einen Panoramablick zu erhaschen. Irgendwann klappte es, sein Abwarten hatte sich ausgezahlt. Ich war außer Sichtweite und er stieg über das Waschbecken auf das Aquarium und fuchtelte wohl mit seiner Pfote darin herum. Plötzlich hörte ich wilde Schreie, lautes panisches Fauchen und Kreischen, wie bei Katzenkämpfen. Katrin musste ziemlich zugepackt haben und hing fest an Moritz` Pfote. Er versuchte sie heraus zu ziehen, doch mitsamt Katrin passte sie nicht durch die Abdeckung...
Moritz hüpfte in Panik herum, stieß ungekannte Laute aus und war außer sich vor Aufregung. Katrin blieb fest mit ihrem Scherengriff an seiner Samtpfote. Ich eilte herbei und klopfte etwas hartnäckiger ge-gen die Scheibe des Krabbenaquariums. Katrin erschrak sich und ließ Moritz endlich los. Er düste sich fast überschlagend und in Windeseile davon, als wäre der Teufel hinter ihm her.
Eine ziemlich lange Zeit wirkte er traumatisiert, verkroch sich immer wieder unter dem Wohnzimmertisch und schaute mich mit Riesenau-gen an. Katrin war ebenfalls ganz außer sich über den Eindringling, sprang hin und her, bäumte sich immer wieder auf wenn ich das Bade-zimmer betrat. Irgendwann hatte auch sie den Schrecken überwunden und es kehrte Ruhe im Hause ein. Diese Lektion hat Moritz nicht ver-gessen und seine abenteuerliche Aktion nie wiederholt.

Ich hatte eines Tages beschlossen, dass sich mein Moritz, als moderner Stadtkater, auch außerhalb der Wohnung in der Natur aufhalten sollte. Quasi sollte er eine moderne Großstadtkatze mit gelegentlichem Freilauf werden, das war mein Plan. Ich hatte bereits darüber gelesen oder Katzen mit Leinen gesehen, so besorgte ein handelsübliches Katzengeschirr, welches beim Anpassen schon mal viel zu klein war. Also suchte ich die Zoohandlung abermals auf, um dieses Mal mit einem Geschirr für kleine Hunde zurück zu kehren. Freudig passte ich es an meinen ziemlich groß gewordenen Moritz an. Die Größe war flexibel einstellbar und passte irgendwann perfekt.

Eine schöne Leine hatte ich dazu gekauft, natürlich eine Laufleine für den graziösen, gelungenen Ausflug.

Dann ging es los, während der Eingewöhnung in der Wohnung, legte sich Moritz ständig auf den Boden, er musste sich an das Geschirr gewöhnen. Nach den ersten Trockenübungen verließen wir beide das Haus für unseren ersten Katzenspaziergang in der Grünanlage. Ich war ganz stolz. Die Außenanlage hatte wirklich viele Grünflächen und bot gute Möglichkeiten für lange Spaziergänge und zum Herumzutollen. Völlig aufgeregt und von allen wilden Gerüchen fasziniert, erkundete Moritz den Park. Anfangs war die Einschränkung durch das Geschirr für ihn sehr gewöhnungsbedürftig. Doch zum Glück gab es so viele Dinge, die ihn wunderbar ablenkten und seine Neugier aufs Neue weckten, dass es bald als Notwendigkeit des Ausflugs akzeptiert wurde.

Als wir uns nach einiger Zeit wieder zuhause einfanden, hatte ich das Gefühl, dass mein kleiner Tiger den Ausgang so richtig genossen hatte und lobte ihn natürlich für seinen Mut und die Tapferkeit sich in der Wildnis einzuleben. Nach dem Futter suchte er sich ein Plätzchen und schlief ganz fest ein.

Zu meiner Verwunderung stand er am nächsten Tag exakt um dieselbe Zeit an der Tür und miaute bestimmt nach mehr Auslauf. Ich war etwas irritiert, es war wirklich genau zur gleichen Zeit, wie am Tag zuvor, unfassbar. Also zogen wir das Geschirr an und starteten wieder in Richtung Park. Moritz in völliger Neugier, schlug den Weg vom Vortag ein. Voller Freude stellte er sich an den Bäumen auf, wetzte seine Krallen und ich war so glücklich, weil er es war. Mit dem Geschirr und der Leine hatte er sich wunderbar arrangiert. Diese Tour machten wir nun täglich, arbeitsbedingt schwankten die Zeiten, aber wir beide gingen täglich vor die Tür zum Katzenspaziergang. Moritz war jedes Mal ganz aufgeregt, konnte es kaum erwarten wieder überall herum zu schnüffeln. Eines Abends hatte ich noch eine Verabredung und wollte zuvor den Rundgang mit Moritz erledigen. Wir streiften wieder durch den grünen Park und Moritz schnüffelte sich durchs Gras.

Plötzlich und ohne eine Vorwarnung kam ein Herrchen mit riesigem Hund um die Ecke, der Hund ebenfalls an einer Laufleine. Moritz erstarrte kurz, der fremde Hund lief direkt auf ihn los. Schneller als ich es realisieren konnte, war mein Moritz auf den neben uns stehenden Baum gehechtet, um sich in Sicherheit zu bringen. Ich bereute sofort mich einst für eine Laufleine entschieden zu haben. Der Hund lief enttäuscht zum Herrchen zurück. So stand ich nun da, mit der Laufleine in der Hand, mein Kater oben im Baum, nicht zu erblicken und für mich vollkommen unerreichbar. Natürlich zischte das Herrchen schnell ab, anstatt mir vielleicht Hilfe anzubieten. Weit und breit war lange niemand zu sehen. Super, da stand ich nun und ich hatte nicht den leisesten Schimmer, wie ich den Moritz nun von dem Baum herunter bekommen konnte. Ich dachte mir anfangs, dass er vielleicht irgendwann von allein herunter kommen würde. Leider machte er nach vierzig Minuten immer noch keinerlei Anstalten, kein Zureden oder Rufen half. Vielleicht wusste er auch gar nicht wie das geht, dachte ich mir. Meine Gedanken gingen dahingehend auf den Baum zu klettern, um ihn herunter zu bekommen. Jedoch waren die ersten Äste des Baumes für meine Größe unerreichbar. Also Fehlanzeige!

Weggehen, um Hilfe oder eine Leiter zu holen konnte ich ebenso wenig, ich konnte ihn ja nicht allein lassen. Ich war komplett ratlos und stand immer noch mit der Leine in der Hand unter diesem blöden Baum. Ein Handy hatte ich damals noch nicht, leider und sie waren zu dieser Zeit noch so groß wie Ziegelsteine.

So beschloss ich zu warten bis irgendjemand vorbeikam, es dauerte eine gefühlte Ewigkeit, mir kam es so vor, als hätte ich noch niemals so wenig Menschen im Park gesehen. Die Zeit saß mir durch meine Verabredung zusätzlich im Nacken und ich wurde langsam nervös. Szenarien spielten sich in meinem Kopf ab, Feuerwehr … Tattütattahh … !!!

Miezen vom Baum zu retten ist bei der Feuerwehr wohl öfter mal angesagt. Ich wusste, dass ein Feuerwehrzug meine letzte Hoffnung sein würde, aber finanziell leisten konnte ich mir diesen Aufwand absolut nicht. Zahlte ich noch immer für die Folgen des Fabsturzes beim Tierarzt ab...Außerdem empfand ich es peinlich die Feuerwehr zu rufen, sicher hatten die in Berlin anderes zu tun. So hoffte ich weiter, dass es anders gelingen könnte.

Dann schritt ein Hoffnungsschimmer näher, endlich kam eine betagtere Dame den Weg entlang. Sie schaute mich verwundert an, wie ich da unter dem Baum mit meiner Leine in der Hand stand. Es muss wirklich lustig ausgesehen haben. Sie fragte kurz, ist der Hund auf dem Baum? Ich meinte zurück, „Nein, die Katze", erklärte meine verzwickte Situation und fasste mir ganz schnell ein Herz zu fragen, ob sie vielleicht mal kurz die Leine halten würde. Nur solange, um Hilfe zu holen, bzw. eine Leiter zu organisieren. Sie war überaus freundlich und übernahm grinsend aber selbstverständlich die Wache. Ich machte mich auf den Weg zu meiner Freundin, die unmittelbar in der Nähe wohnte. Ihr Lebensgefährte war Maler und ich wusste, dass er eine ausfahrbare Leiter im Keller hatte.

Das Glück war endlich auf meiner Seite, beide wollten gerade etwas Essen gehen, als ich klingelte.

Ich schilderte mein Dilemma und erntete natürlich schmunzelnde Gesichter. Es war mir völlig egal, was sie dachten, für mich zählte nur, dass sie mir helfen würden meinen Kater von diesem Baum herunter zu bekommen.

Gemeinsam machten wir uns mit der Leiter auf den Weg zu dem Baum, auf welchem mein Moritz festsaß. Von weitem sahen wir die Dame mit der Leine in der Hand unter dem großen Baum stehen. Der Anblick war wirklich filmreif, vor allem weil sie mit der Leine in der Hand, den Kopf nach oben gerichtet, mit dem Baum zu reden schien. Ich musste zuvor genauso komisch ausgesehen haben. Meine Helfer und ich versuchten das Grinsen zu unterdrücken. Aber das Gesamtbild sah wirklich zum Piepen aus. Ich holte Moritz mit der Leiter und unter großer Anstrengung und mit Kratzspuren an meinen Armen oben vom Baum. Herzlichst bedankte ich mich bei meinen Freunden und der

älteren Lady. Ich ließ mir ihre Adresse geben, um später ein Dankeschön vorbeibringen zu können. Sie gab mir zu verstehen, dass sie sehr
gern geholfen hat, dennoch wollte ich mich unbedingt erkenntlich
zeigen. Welches Glück, dass sich unsere Wege an diesem Abend kreuz-
ten. Dann nahm ich mein Katerchen zur Sicherheit auf den Arm und
lief mit ihm geradewegs zurück in die Wohnung. Meine Verabredung
war natürlich geplatzt, aber ehrlich, es war mir egal. Lange klangen mir
die Worte der netten Dame vom Baum noch im Ohr, sie schien sich
mit Katzen auszukennen. Sie belehrte mich, dass mein Beweggrund
meiner Katze Auslauf zu gönnen sehr löblich wäre, jedoch würde ich
damit dafür sorgen, dass er zum Freigänger wird und es ihn immer
mehr nach draußen zieht. Sie erklärte mir, dass es einer Katze nichts
ausmacht in den vier Wänden zu bleiben, sie akzeptiert das Revier, so
wie es ist. Durch mein Verhalten jedoch würde ich meinen Stubentiger
verunsichern. Sie empfahl mir diese täglichen Spaziergänge zu unter-
lassen und ihm in der Wohnung ein angenehmes Katzenleben zu bieten. Ich klärte diese Aussagen noch einmal mit der Tierärztin ab, sie
war derselben Meinung. Nun, etwas traurig war ich schon, erstrecht,
weil Moritz Abend für Abend raus wollte. Er jammerte und stellte sich
mit kläglichen Lauten immer wieder an der Tür hoch. Mir tat es sehr
leid, aber eine wiederholte Situation wie am Vortag, wollte ich ja auch
nicht noch einmal erleben. Irgendwann lies sein Betteln nach, aber
seine Neugier nach der Welt da draußen blieb sein Leben lang. Gerne
wäre er ein Freigänger gewesen, liebte es immer auch im Garten meiner Eltern zu sein, nur konnte ich ihm das in meiner Lebenssituation
leider nicht bieten.
Nachdem wir beide ein paar Monate später umgezogen waren, hatte
Moritz einen großen, schönen Balkon mit Katzennetz und er genoss
die frische Luft sowie sein neues, großes Reich. Bedenken hatte ich
wegen dem Umzug damals schon, ich hörte von Katzen, die an Herz-
versagen starben, weil die Menschen umgezogen sind.
Moritz hat alle Umzugsstrapazen prima überstanden, nur mochte er
nie wirklich Auto fahren. Unter kläglichem Gejammer protestierte er
immer, ob ihm schlecht war oder er einfach nur aus der Tasche heraus
wollte...es ist schwer einzuschätzen.

Wenn andere Menschen mit Katzen verreisen können, bei uns war es eine reine Nervensache, die man sich ungern freiwillig antat.

Manchmal habe ich ihn aus der Tasche genommen, um ihn zu streicheln und dem Gejammer ein Ende zu bereiten...doch er jaulte noch mehr... Ich habe alles versucht, ihm angenehme Fahrten zu ermöglichen, doch Auto fahren war nie seins.

Sehr gern lag er auf dem Balkonstuhl an der frischen Luft und genoss diese kleine Freiheit, genau wie ich.

Moritz wurde mit dem Heranwachsen ein ziemlicher Pascha, ein Herrscher über mich und alles, was seine Umwelt ausmachte. Viele Menschen sagen immer, es ist besser zwei Katzen zu halten, mit Gewissheit kann ich jedoch sagen, dass mein Kater ein absoluter Einzelgänger war, der nichts neben sich duldete. Er war die Nummer eins, das spürte jeder Mensch und auch Tierbesuch.

Durch seine unstillbare Neugier musste ich immer Obacht geben, wenn die Wohnungstür aufging, denn schnell war er ins Treppenhaus entwischt, um sich dort ganz gemütlich umzusehen. Da ich Angst hatte er könnte auf die Straße gelangen, habe ich ihn stets einfangen müssen, er war einfach zu neugierig und blitzschnell.

Wenn es klingelte, stand er immer als Erster an der Tür und konnte es gar nicht erwarten bis sie aufging.

Bis zu folgendem Ereignis:

Damals schloss ich meine Wohnungstür abends noch nicht ab. Als ich eines Morgens aufstand, fand ich überraschend die Wohnungstür angelehnt offen vor. Mein erster Gedanke war sofort Moritz!!!

Ich rannte aufgelöst im Schlafanzug durch das Treppenhaus, in den Keller, die Tiefgarage, nach draußen auf die Straße. Die Leute sahen mich an, als wäre ich geisteskrank, etwas peinlich, aber es war mir vollkommen egal. Immer rufend nach seinem Namen, weil ich ganz genau wusste, dass er sich eine solche Chance, einen kleinen Ausflug zu machen, nie entgehen lassen würde. Ich rief und rief nach ihm, normalerweise kam er immer, weil es dann eine Belohnung gab. Meine Suche blieb erfolglos, weit und breit von Moritz keine Spur. Ich war aufgelöst und unter Tränen, ging zurück in die Wohnung, um mich anzuziehen und vielleicht auf der Straße weiter zu suchen. Vielleicht gab es noch Hoffnung, dass er nicht von einem Auto breit gefahren worden war. So ging ich ins Schlafzimmer, um mir Sachen zum Anziehen heraus zu suchen um mich nochmals auf der Straße und in der Umgebung nach meinem Moritz umzusehen. Ich war panisch vor Sorge und rannte vollkommen kopflos umher. Plötzlich entdeckte ich im halbdunkeln, dass meine Bettdecke eine kleine Beule hatte ... Moritz? Wenn das Moritz war, hatte ich ihn zuvor gar nicht bemerkt und war mehr als verwundert, dass er meinem lauten Rufen gar nicht gefolgt war. Schließlich hatte er noch nichts zu fressen bekommen und klebte sobald ich sonst aus dem Bad kam an meinen Beinen und schrie als hätte er bereits einige Tage gehungert. Ich schlug die Decke mit einem Ruck zurück und vollkommen ertappt mauzte er mich wie erwischt an. Mir fielen Gebirgsfelsen vom Herzen.

Was in aller Welt hatte meinen Abenteurer nun veranlasst im Bett zu bleiben und sich absolut nicht zu rühren? Ich wusste ganz genau, dass er durch die offene Wohnungstür seine Ausflugschancen ganz gewiss genutzt hatte. Nur, irgendetwas war wohl bei diesem Spaziergang geschehen, vermutete ich. Sicherlich hatte er seine Runde in allen Zügen genossen. Aber wie hatte er die Tür geöffnet? Er musste wirklich an die Klinke gesprungen sein, anders war es gar nicht möglich. Seltsam war nun, dass er seither nicht einmal in die Nähe der Tür ging. Irgendetwas musste ihn prägend verschreckt haben. Moritz machte um die Tür einen Riesenbogen, als würde dahinter ein brüllender Löwe stehen. Eines Tage sollten die Ereignisse jener Nacht etwas aufgehellt werden.

Eines Tages kurze Zeit später hatte ich meinen Einkauf nach oben getragen, kam durch die Tür und Moritz erwartend auf mich zu. Plötzlich öffnete sich unter uns die Wohnungstür und der dort lebende Yorkshire Terrier im Miniformat rannte quietschend bellend in den Treppenflur. Moritz war plötzlich erstarrt und bei seinem Anlauf in Richtung Schlafzimmer kratzten seine Pfoten durch...er konnte gar nicht so schnell rennen, wie er wollte. Und er verschwand blitzschnell unter der Bettdecke.

Aja…so hatte ich eine zündende Idee, wie der besagte, nächtliche Spaziergang im Hausflur verlaufen sein konnte…

Tage später traf ich die Besitzerin des Hundes bei meiner Heimkehr. Sie erzählte mir von der Begegnung mit einer schwarzen Katze im Hausflur.

Als der Herr Moritz an diesem Morgen im Treppenhaus herumspazierte, machte die Nachbarin sich fertig zum Gassi gehen in den Morgenstunden. Als sie die Tür öffnete, entdeckte sie den schwarzen Kater auf der Treppe. Als der Mini-Hund, nur halb so groß wie Moritz, kläffend neugierig aus der Wohnung auf Moritz zu rannte, hat dieser sich so sehr erschrocken, dass er blitzschnell die Flucht ergriff, bzw. Schutz unter meiner Decke suchte und sich absolut nicht mehr rührte.

Ich löste den Vorfall auf und gestand, dass es meine Katze war, die sich einen Spaziergang im Treppenhaus geleistet hatte. Jedes Mal, wenn der Hund wieder bellte, schnellte Moritz ins Schlafzimmer unter die Decke. Der Drops war gelutscht, auch als die Leute unter uns längst ausgezogen waren, hielt seine Erinnerung an dieses Ereignis mit großem Respekt dem Treppenhaus gegenüber an, was für mich eine Erleichterung brachte.

Immer wieder gab es wundervolle Momente und aufregende Dinge für uns gemeinsam zu erleben. Manchmal hätte ich mich über ihn schief lachen können, andererseits bemerkte ich oft, dass er mich nur zu gut kannte und seinen Schabernack mit mir trieb.

Einmal suchte ich ihn in der ganzen Wohnung, er war nicht zu finden. Manchmal reagierte er gar nicht auf mein Rufen und lachte sich wahrscheinlich wieder ins Pfötchen, wenn ich suchend panisch umherlief. Er war nicht zu finden…so ging ich in die Küche und öffnete den Vorratsschrank. Das Geräusch war ihm vertraut und ich hoffte darauf, dass er es wahrnahm, um aus seinem Versteck heraus zu kommen. Ich wollte nur die Gewissheit haben, dass er in der Wohnung war. Urplötzlich stand er hinter mir und ich fragte mich, wo er nur gesteckt hatte.

Dieses Spiel machte er noch einige Male mit mir, bis er sich selbst absolut ungewollt verriet.

Ich hatte einen großen Sessel, der für die gute Entspannung nach hinten gestellt werden konnte. An dessen Rückseite befand sich eine Art bewegliche Stoffkante. Als ich eines Tages wieder den Kater suchend durch die Wohnung lief, staunte ich nicht schlecht, als ein Stück schwarzer Schwanz unter dem Sessel hervorschaute.

Nun war ich seinem Versteckspiel auf die Schliche gekommen, hätte jedoch niemals geahnt dass er sich so flach machen konnte, um unter den Sessel zu gelangen. Wahrscheinlich hatte er sich dieses Versteck einmal gesucht, als wir eine Gastkatze zu Besuch hatten, um Ruhe vor dem Eindringling zu haben.

Wenn uns andere Katzen besuchten, waren sie für Moritz erst einmal Feinde, die er stets verhauen wollte und nur notgedrungen in „seiner" Wohnung duldete.

Wenn ich nicht zuhause war, verbrachten sie den Tag über in getrennten Zimmern, da ich keine bösen Überraschungen erleben wollte. Futterplätze wurden getrennt bedient, da mein schwarzer Panter sich als extrem futterneidisch entpuppte .Er schlang sein Futter nur so herunter, in der Hoffnung der Gastkater bräuchte länger für seine Ration, sodass er ihn verjagend anfauchte, um dessen restliche Portion auch noch zu erhaschen. Clever von ihm gedacht, aber ich durchkreuzte seine Pläne. Richtig eifersüchtig war er, wenn ich den Gast mal herzte und streichelte. Gleich danach stürzte sich Moritz auf ihn, so als wolle er klarstellen, wer den Kuschel-und Streichelbonus in seiner Wohnung hat.

So ging ich dazu über den Katzengast nur dann zu knuddeln, wenn Moritz in einem anderen Zimmer war, bzw. irgendwo außerhalb unserer Sichtweite befand. Freunde wurden sie leider nie. Der Gastkater hatte sich immer gefreut bei uns zu sein und hätte sehr gern mit Moritz gespielt.

Die folgende Episode fand ich sehr amüsant.

Moritz ging nie auf Tische oder sprang auf Schränke oder Fensterbretter. Lediglich Couch, Kratzbäume und Kartons waren seine Lieblingsplätze, manchmal der Fussteil meines Bettes.

Sicher hatte er die Phase überall hoch zu klettern durch die Beinverletzung im Jugendalter nicht ausgelebt und getestet, für mich und unser Zusammenleben in der Wohnung war es jedenfalls ein Segen.

Als er eines Abends mit dem Besuchskater fangen spielte, kam er plötzlich wild mauzend zu mir in die Küche und sah mich auffordernd an. Schlich um meine Beine und gab mir zu verstehen, ihm dringend folgen zu müssen. Er lief ins Schlafzimmer, ich hinterher. Dann setzte er sich hin und schaute nach oben, zum Schlafzimmerschrank. Als ich meinen Blick nach oben richtete, staunte ich nicht schlecht. Das Gastkaterchen hockte dort oben auf meinem 2,40 Meter hohen Kleiderschrank. Spöttisch triumphierend sah er zu Moritz und mir herunter. In mir stieg ein dickes Grinsen hoch, denn natürlich hatte mein Moritz wirklich gepetzt. In seinem Gesicht meinte ich zu erkennen, dass er sich angestrengt und grübelnd fragte, wie der andere Kater dort hinauf gekommen war. Wahrscheinlich hätte er das auch gern einmal ausprobiert, doch ihm fehlte das akrobatische Training. Sehr amüsant fand ich auch den Blick des Schrankhockers, da ich den Eindruck hatte, dass er selbst nicht mehr so recht wusste, wie er dorthin geraten war, sich aber Moritz gegenüber triumphierend brüstete. Ein lustiges Schauspiel, der Gastkater blieb dort oben bis in die Nacht, Moritz abwartend unten am Schrank, den Blick nach oben gerichtet. Doch irgendwie muss er dann wieder einen Weg nach unten gefunden haben, am nächsten Morgen tobten beide wieder in der Wohnung herum. Oft hatte ich den Eindruck, dass Moritz sich manche Dinge, die ihm unbekannt waren, mit Wonne vom Katzenbesuch abschaute, wie z.B. das Sitzen zwischen den Blumentöpfen auf dem Fensterbrett. Auch wenn mein Tiger Katzenbesuch nicht sehr gern hatte, war es doch auch immer wieder eine Abwechslung um neue Dummheiten und Abenteuer zu entdecken.

Moritz saß mit Vorliebe auf dem Balkon, in den Stuhl gekuschelt bei Wind und Wetter.
Grundsätzlich war ich davon ausgegangen, dass er wieder herein kommt, wenn ihm kalt ist und Bedenken hatte ich auch in der kälteren Jahreszeit nicht, da ich meinte er habe ein dickes Fell.
Ich musste lernen, dass eine Wohnungskatze diese Voraussetzungen nicht tatsächlich erfüllt.
Eines Morgens hatte sich Moritz seitlich an meine Bettkante gelegt. Das tat er immer ca. fünfzehn Minuten bevor der Wecker klingelte. Mein Arm wanderte in Richtung Katzenkopf, ich wollte ihn wie üblich kurz kraulen und dann noch einmal kurz bei Katzengeschnurre weg dämmern. Auf einmal schlug eine Pfote bestimmt und wütend auf meine Hand. Er verhielt sich erschrocken und hielt inne. Ich war sofort hellwach und fragte mich, was das sollte und wiederholte meine Streicheleinheiten an derselben Moritzstelle. Paff...wieder unten am Hals angekommen, bekam ich kräftig eine geklatscht. Aufgeschreckt rannte Moritz davon und ich fragte mich, was sein Verhalten bedeuten sollte. So stand ich auf und lief zu ihm. Streichelte ihn und passierte ganz vorsichtig seinen Hals, worauf er in Abwehrhaltung erstarrte und sich meinen Händen entzog.
Das war sehr seltsam und ich wurde ganz sicher, dass er irgendetwas hatte, ihn meine Berührung offensichtlich schmerzte.

Bei unserem anschließenden Tierarztbesuch stellte sich heraus, er hatte sich eine Angina eingefangen. Wohl durch einen wahrscheinlich zu langen Aufenthalt auf dem Balkon.
Erstaunt nahm ich die Diagnose zur Kenntnis, ich dachte das haben nur Menschen. Wir bekamen vom Tierarzt ein Antibiotikum und nach einer Woche war alles wieder bestens. Mein Vater lachte sich halb schlapp, als ich von Moritz' Angina erzählte, kannte er doch nur unsere abgehärteten Wiesenkatzen, die eigentlich nie krank waren.

Mein Stubentiger bereicherte und durchwirbelte mein Leben auf eine ungekannte, aber fantastische Weise.
Wir wuchsen unzertrennlich zusammen und jeden Tag erfreute ich mich an der unstillbaren Lebenslust meines kleinen schwarzen Teufelchens.

Es gab für ihn immer wieder Neues zu entdecken, stets schaffte er es, mich zu überraschen und zum Schmunzeln bringen, es wurde nie langweilig, irgendetwas war mit Moritz immer los.

In seinem ersten Sommer auf dem Balkon stach ihn einmal eine Biene. Obwohl ich ihn zuvor eindringlich warnte, war die Neugier wieder viel zu groß. Er rannte und spielte, wollte sie fangen. Plötzlich fauchte er wild und sprang hektisch herum. Das Bienchen hatte ihn in die Pfote gestochen, weil er sie mit dieser versucht hatte einzufangen. Er schüttelte die Pfote ohne Unterlass und rannte fauchend und springend umher. Irgendwann waren der erste Schock und auch der Schmerz vorüber. Dieses Erlebnis prägte sich ein, alles was summte, wurde zukünftig nicht mehr gejagt, nur noch scharf beobachtet.

Als ich in den Urlaub fahren wollte, erklärten sich meine lieben Nachbarn mit ihrer kleinen Tochter aus der Wohnung unter mir bereit, meinen Moritz zu versorgen. Die Tochter kam ohnehin oft vorbei und spielte mit ihm, er mochte sie sehr und ich war sicher, dass sie sich zusammen mit ihren Eltern gut um meinen kleinen Pascha kümmern würden. So plante ich meine Reise mit einem guten Gefühl und machte mich auf in die Lüfte. Wir hielten telefonisch Kontakt, bis ich eines Tages einen ganz besonderen Anruf der Nachbarn erhielt.

Ich dachte es sei irgendetwas mit meinem Kater, aber nein, die Krabbe Katrin war aus ihrem Aquarium ausgebrochen, was sie häufig tat, bevor sie Leich ablegte. Meine Nachbarin war völlig aufgelöst und hatte bereits darüber nachgedacht im Zoo anzurufen und dort um Hilfe zu bitten. Ich beruhigte sie 5000 km entfernt und gab telefonisch Tipps zum Einfangen. Angefasst hätte ich die Krabbe auch nicht, hatte sie doch ziemlich große Scheren zum Zwicken und schnell war sie aufgebracht. Ich empfahl den ultimativen Tupperschüsseltrick , etwas Wasser in die Wanne zu lassen, Gehölze hinein. Das Einfangen sollte mithilfe der Plastikschüssel und einem Brettchen zum darunter schieben wunderbar funktionieren. Meine Nachbarin hatte furchtbare Angst, weil sich die Krabbe immer groß aufbäumte und dadurch doppelt so

groß wirkte. Das Einfangen der Krabbe funktionierte, wie mir meine aufgebrachte Nachbarin anschließend telefonisch mitteilte. Ich war erleichtert und froh, dass meine Nachbarn wieder Ruhe fanden.
Bis ich zurück war, blieb Katrin Krabbe in der Badewanne, für sie ein vollkommen neues und bestimmt genüssliches Abenteuer.
Als ich wieder nach Hause reiste, hatte ich eigentlich erwartet, dass sich mein Moritz über meine Rückkehr freuen wird. Ich war so voller Vorfreude auf ihn.
Weit gefehlt, ignoriert hat er mich beim Betreten der Wohnung, als wäre ich gar nicht anwesend. Bewusst entzog er sich meinen Streicheleinheiten und drehte völlig hochnäsig seine Runden in der Wohnung. Ich war ziemlich verwirrt und bin mir heute sicher, dass er genau das erreichen wollte. Im Wohnzimmer hatte ich ein schönes Schaffell an der Couch liegen, weich und kuschelig.
Ich lief hinter Moritz her, wollte ihn herzen und knuddeln. Er stoppte nicht, sondern setzte sich zielgerichtet auf das Fell, sah mich gerade und provokant mit großen Augen an und strullte einfach los.
Ich war fassungslos, was war mit meinem Kater geschehen? Nachdem ich die Spuren seiner seltsamen Aktion beseitigt hatte, war ich immer noch fassungslos über sein rüpelhaftes Verhalten.
Nach einigen Recherchen fand ich heraus, dass er mir damit wohl Protest bekunden wollte,
seinen Verdruss darüber, dass ich mich einfach für eine Weile entfernt hatte. Ich gab nicht auf, heftete mich an seine Fersen, suchte immer wieder seine Nähe und ganz bald hatte er mir verziehen.
Moritz` Charakter war wirklich sehr dominant, er verstand es wunderbar mich einzuwickeln, vor allem aber so, dass ich es manchmal nicht einmal bemerkte. Er war hartnäckig, wollte immer, dass es nach seinem Kopf geht. Manchmal ein anstrengendes Geduldsspiel zwischen uns beiden.

Besonders gruselte ich mich jedes Mal, wenn der Gang zum Tierarzt anstand. Die Hinfahrt immer eine harte Nervenprobe und strapazierte uns beide ungemein. Auf der Fahrt zurück nach Hause herrschte meist

Stille in der Box, als wüsste Moritz, dass er das Schlimmste überstanden hatte.

Besuche bei der einstigen Tierärztin wurden schwierig, da zum einen ihr Wartezimmer stets gefüllt war, andererseits brauchten wir durch die Distanz nach dem Umzug eine ganze Weile, um erst einmal dort hin zu kommen. Einmal saßen wir für eine Folgeimpfung vier Stunden plus zwei Stunden Fahrzeit. Ich halte sie bis heute für eine der kompetentesten und wundervollsten Tierärztin, viele andere ebenso.

Völlig selbstlos stand sie Tag und Nacht in der Praxis und behandelte nebenher noch alle Straßentiere und jene von der Wagenburg kostenlos. Diese Frau hat einen Ehrenpreis für ihre selbstlosen und herausragenden Leistungen verdient.

In Berlin Neukölln ist sie sehr bekannt und unglaublich wertgeschätzt. Einmal versuchten wir eine neue Tierärztin um die Ecke, welche uns wärmstens empfohlen wurde.

Versuchen wollte ich es wenigstens, gerade für die üblichen Gänge des Impfens. Leider war sie bei unserem Besuch eine völlig unsympathisch wirkende Dame. Mit einem Gesichtsausdruck wie Gewitterwolken bat sie uns in das Behandlungszimmer. Für eine Tierärztin wirkte sie auf mich emotionslos und arrogant. Ich versuchte mein Gefühl zu unterdrücken, jeder kann auch mal einen schlechten Tag haben.

Plötzlich zog Moritz alle Register und legte so richtig los. Sicher war sie ihm unheimlich, er streikte komplett.

Nachdem er alles zusammengefaucht und das Zimmer ein wenig verwüstet hatte, hielt ich es für angebracht zu gehen, denn es führte kein Weg dazu, dass Moritz sich von der eisernen Lady anfassen lassen wollte.

Ihm war es ein Graus, wenn versucht wurde ihm etwas aufzudrücken, was er partout nicht wollte, es gab dann keine Chance mehr, nur hemmungslosen Protest. Die nicht erfolgte Impfung sollte ich zahlen, auch einen Zuschlag für meinen so ungezogenen Kater. Eine wirklich miese Erfahrung.

Diese Praxis würde uns nie wieder sehen. Folglich nahm ich immer einen Tag Urlaub wenn es zum Tierarzt ging. Moritz war, genauso wie ich, glücklich mit der ihm bekannten Umgebung bei der Tierärztin in Neukölln, wir blieben ihr treu.

Eines Tages öffnete ich gemütlich in meinem Sessel einen Riegel Kinder Schokolade. Plötzlich kam Moritz rasant auf mich zugesteuert und bettelte so sehr, dass er mir fast ins Gesicht kriechen wollte. Nun, ich dachte sofort an meine kleine Katzensitterin, bestimmt war ihr einmal etwas davon, sagen wir mal „herunter gefallen". Er war so verrückt und wild danach, dass ich fortan Obacht geben musste, dass nichts Verführerisches auf dem Tisch herumlag. Wenn er nur das Papier beim Auswickeln knistern hörte, war er sofort da und bettelte oder stieg penetrant auf mir herum. Selbst das leere Papier auf dem Tisch, hatte auf Moritz magische Anziehungskraft. Er schnüffelte daran herum und zog es sich mit der Pfote vom Tisch herunter. Danach versenkte er seine Schnute komplett im Papier, nur allein der Geruch löste größtes Verlangen aus.
Auch Erdnüsse und Chips befand mein Stubentiger irgendwann als äußerst köstlich und ließ keine Gelegenheit aus, zu versuchen etwas von den menschlichen Leckereinen zu erhaschen.
Mit anderen Worten, folglich musste ich immer aufpassen, dass für Moritz nichts zugänglich werden konnte. Natürlich bekam er auch seine Leckereien, wie Hühnchen, Schabefleisch und Leberwurst. Aber er blieb versessen auf das menschliche Genussfutter, für immer.

Jeder Katzenbesitzer wird bestätigen können, dass die Miezen ihre Dosenöffner wirklich dazu erziehen, das zu tun, was die Fellnasen sich wünschen. Wie sie diesen Dreh heraus bekommen und warum man es tatsächlich mit sich machen lässt, ist mir bis heute ein Rätsel.
Vielleicht weil man sich wünscht, dass die Fellis rundum glücklich sind. Ich schmunzle immer in mich hinein, wenn ich genau dieses Phänomen bei anderen Dosenöffnern und ihren kleinen Tigern beobachte.
Natürlich weil ich froh bin, nicht der einzige Katzentrottel zu sein.

Meine eigene Neugier pflanzte mir die Idee ein, mich irgendwann für eine Weile ins Ausland zu begeben.

Ich wollte so vieles entdecken und ausprobieren.

Nie und nimmer hätte ich meinen Moritz hergegeben, ich wusste einfach, dass er zufrieden war, wenn er mit mir zusammen sein konnte.

So war außer Frage, dass dort wo ich hingehe, auch mein Kater mitkommt. Ich erkundigte mich nach den Möglichkeiten mit Katze zu reisen, nun es gab tausende Meinungen dazu. Ich suchte für uns beide nach der besten Möglichkeit zu reisen und holte mir Beratung bei verschiedenen Katzenbesitzern, die viel reisten und auch beim Tierarzt ein.

Moritz benötigte grundlegend einen Chip und den EU Ausweis, um später wieder zurück in die EU einreisen zu können.

In Vorbereitung auf den etwas längeren Auslandstrip, plante ich drei Wochen abwesend zu bleiben, um vor Ort eine Wohnung für unseren Aufenthalt zu suchen und Notwendiges zu organisieren.

Für ein bis zwei Wochen war das mithilfe meiner lieben Nachbarn und ihrer süßen Tochter ganz prima. Ich wusste jedoch, dass Moritz sich schnell einsam fühlte und gerade die Streicheleinheiten am Abend auf der Couch würden ihm während längerer Abwesenheit sehr fehlen. Am besten hätte mir gefallen, jemand wäre bei uns eingezogen, um sich um ihn zu kümmern. Und so ergab es sich eines Tages mit Hilfe des Engels Zufall, dass der Mann einer guten Bekannten eine reizende Dame kannte. Sie hatte ihre Katze vor nicht allzu langer Zeit verloren, fühlte sich aber nicht mehr fit genug, um ein junges Kätzchen anzuschaffen. Als die Frage an sie heran trat, ob sie Moritz für einen Zeitraum von drei Wochen aufnehmen würde, war sie sofort Feuer und Flamme, weil Moritz laut meinen Erzählungen ihrem kürzlich verstorbenen Stubentiger in Aussehen und Charakter absolut ähnelte.

Wir trafen uns bald für ein Katzensitter-Casting, Lilly war ein wundervoller, harmonischer Mensch und ich wusste vom ersten Moment an, dass Moritz sie sehr mögen würde. Wir verstanden uns ganz wunderbar und Lilly konnte es kaum erwarten endlich wieder etwas Felliges auf dem Schoß zu haben. Ich zeigte ihr Bilder von meinem schwarzen Feger und sie war voller Vorfreude auf den bald anstehenden Besuch. Anfänglich hatte ich Bedenken, ob Moritz eine räumliche Veränderung vertragen würde, aber mein Bauchgefühl sagte mir, dass es aus seiner Sicht ein schönes Abenteuer sein würde, natürlich bis auf die Autofahrt.

Lilly wohnte in einer schönen Berliner Altbauwohnung mit vielen gemütlich kuschligen Sesseln, der Einrichtungsstil entsprach ihrer so wundervoll lieblichen Art. Großzügige, helle Zimmer, schöne knarrende Dielen, Balkons und viel Platz zum herumschnüffeln.

Lilly liebte Katzen über alles und ich war mir ganz sicher, dass ich ihr meinen kleinen schwarzen Panther entspannt anvertrauen konnte. Moritz würde ihr Leben mit seinem Temperament ganz bestimmt etwas durcheinander wirbeln, aber sie schien sich mächtig darauf zu freuen.

So konnte ich beruhigt und voller Entspannung meine Abwesenheit vorbereiten und freute mich unsagbar über die wirklich sehr nette Bekanntschaft mit Lilly. Ich war zuversichtlich und tiefenentspannt, würde Lilly doch alles tun, um meinem Schmusebär glücklich zu ma-

chen. Sie würde sich Zeit nehmen, wann immer Moritz es wünschte und ihren Tagesablauf natürlich entsprechend anpassen.
Ich wusste genau, dass mein kleiner Tyrann diese besondere Aufmerksamkeit vollends genießen würde. Als ich nach Hause kam, erzählte ich Moritz von seinem bevorstehenden Urlaub. Bei manchen Sätzen schaute er mich an, als stünde in der Sprechblase über seinem Kopf:„ Sag mal Frauchen...wovon redest du?"

Der Tag meiner Abreise war herangerückt, ich packte, dieses Mal auch für Moritz. Wir ließen uns mit allem Zeit. Bis auf die Autofahrt, machte ich mir keine Gedanken. Moritz war Gott sei Dank in der Kiste und bald angeschnallt auf dem Beifahrersitz, dann starteten wir um zu Lilly zu fahren. Als wir endlich ankamen, hatte Moritz mich bereits die ganze Strecke über mit kreischendem Geschrei terrorisiert. Ich suchte ewig nach einem Parkplatz.
Nach dem Halt verstummte Moritz, als ich ihn mit Box aus dem Auto nahm. Sein Hals reckte sich, er schaute aufgeregt umher, Neugier erwachte. Ich stieg mit ihm die Treppen hinauf und klingelte bei Lilly.
Als sie mit einem strahlenden Lächeln öffnete, begrüßte Moritz sie herzlich mit einem Gurren, Katzenbesitzer wissen sicherlich, welches Geräusch ich meine. Nachdem wir uns begrüßt und die Tür geschlossen hatten,
ließen wir den Moritz sogleich aus seiner Transportkiste. Neugierig startete er seinen inspizierenden Rundgang, wir tranken erst einmal ein Tässchen Kaffee, plauschten und beobachteten die Erkundungstour meines schwarzen Tigers. Er schnupperte unentwegt und schritt selbstbewusst und bestimmt durch Lillis Wohnung. Gepackt von Neugier und Abenteuerlust fand er keine Ruhe, schaute ab und an bei uns in der Küche vorbei und schien sich sofort absolut wohl zu fühlen. Kein Problem mit dem neuen Revier, im Gegenteil er gab mir wirklich das Gefühl als dachte er: „ Hey cool endlich mal wieder was Neues..." Ich hatte ein gutes Gefühl, jedoch musste ich mich irgendwann entscheiden zu gehen. Es fiel mir schwer Abschied zu nehmen, auch wenn mein Moritz es mir nicht schwer machte. Ich rief ihn, wollte ihn noch einmal auf den Arm zu nehmen, um ihn liebevoll zu Herzen. Es war mir

wichtig ihm zu sagen, dass ich ihn hier nicht für immer zurück lassen werde. Ich war mir natürlich ganz sicher, dass er mich verstehen würde, auch wenn es mit gesundem Menschenverstand unerklärbar schien.

Langsam kam er zu mir getrottet, war er doch ganz begeistert von Lilly's Wohnung und den aufregenden Gerüchen. Also nahm ich meinen schwarzen Schmuser noch einmal beherzt in meine Arme. Knuddelnd erzählte ich ihm, dass er sich benehmen möchte und diesen Urlaub genießen sollte, ich käme ganz sicher bald zurück.

Lilly beruhigte mich sanftmütig und ich fühlte kein schlechtes Gewissen. Schließlich würde ich mich täglich melden, um zu erfahren wie das Zusammenleben der beiden funktionieren würde.

Glücklich verabschiedete ich mich überaus dankbar von Lilly und noch einmal von meinem Moritz.

Er stapfte wieder ab um sich auf eine weitere Erkundungstour zu begeben und signalisierte mir so, dass er sich sehr wohl fühlte.

So reiste ich ins Ausland um uns dort einen schönen Aufenthalt vorzubereiten.

Ich genoss die Sonne, das wundervoll blaue Meer und entspannte mich nachdem ich alle Vorbereitungen für unseren gemeinsamen Aufenthalt organisiert hatte mit ein paar Tauchgängen und Sonnenbädern am Strand.

Anfangs hatte ich mich täglich bei Lilly gemeldet, die beiden kamen wunderbar zurecht, sodass wir später sporadisch zusammen telefonierten. Alles lief besten und Moritz genoss seine Ferientage und machte Lilly sehr froh mit seiner Anwesenheit.

Ich reiste voller Vorfreude nach Hause zurück. Da mein Flug ziemlich spät landete, hatte ich mit Lilly verabredet, erst am nächsten Tag vorbeizuschauen, um meinen Liebling wieder nach Hause zu holen.

Ganz aufgeregt erwachte ich am Morgen nach meiner Rückreise, meine Wohnung fühlte sich ohne meinen Wadenschleicher vollkommen leer und vor allem mächtig still an. Nach dem Kaffee startete ich in großer Vorfreude zu meinem Kätzchen.

Aufgeregt stieg ich die Treppen zu Lilly hinauf und konnte es kaum erwarten Moritz wiederzusehen.

Würde er sich wieder voller Protest beleidigt von mir abwenden?
Ich klingelte… die Spannung stieg in mir hoch, mein Herz klopfte.
Als Lilly öffnete stand Moritz direkt mit ihr an der Tür, als hätte er
mich schon erwartet. Eine große Freude erkannte ich in seinem Verhalten und noch bevor ich Lilly begrüßen konnte, schmiegte er sich
bettelnd an meine Beine, um auf meine Arme zu kommen.
So nahm ich ihn hoch und umarmte Lilly mit einem dicken Bussi zur
Begrüßung.
Moritz lag angeschmiegt auf meiner Schulter und schnupperte mich
ab, mauzte vor Freude und schnurrte. Dieser Begrüßungsmoment
fühlte sich wie eine Ewigkeit an, bis Lilly Kaffee kochen ging. Gemütlich
fingen wir an uns über meine Zeit im Ausland und ihre Erlebnisse mit
meinem Fell-Macho auszutauschen. Diesmal verhielt sich Moritz ganz
anders, als bei meiner letzten Rückkehr. Vielleicht lag es daran, dass
auch er seinen Urlaub in Vollbetreuung verbrachte und nicht allein
zuhause zurück blieb. Es fühlte sich irgendwie an, als hole ich ihn aus
dem Ferienlager ab.
Lilly war so begeistert von meinem Katerchen und hatte sich so sehr
an ihn gewöhnt, so dass sie ganz ernsthaft überlegt hatte, wie sie mich
davon überzeugen könnte, dass Moritz bei ihr bleiben könnte. Im ersten Moment dachte ich, sie scherzte, aber als ich sie beim Erzählen
ihrer gemeinsamen Erlebnisse beobachtete, wusste ich, sie meinte es
wirklich ernst.
Natürlich konnte ich ihre Beweggründe verstehen, mein Kater war
wirklich wundervoll und einzigartig, das wusste ich ganz sicher.
Plötzlich stoppte sie und hielt inne. Wahrscheinlich bemerkte sie, dass
ich unsicher und angespannt wurde, ob sie meinen schwarzen Freund
wirklich wieder hergeben würde. Lilly drehte sich zu mir und meinte:
„Jetzt erzähle ich dir mal etwas, was sich gestern hier abgespielt hat
und mich wirklich sehr bewegte."
Lilly erzählte dass Moritz sich am Vortag gegen 15.00 Uhr nachmittags
von innen vor die Wohnungstür gesetzt hatte, wartend. Meinen Rück-
flug startete um 14.05 Uhr, erinnerte ich mich.
Moritz ging ab und an um zu fressen oder sein Geschäft zu machen,
kehrte jedoch immer wieder an die Tür zurück, saß dort wartend und

langgestreckt schlafend. Lilly war absolut davon überzeugt, dass er genau wusste, dass ich unterwegs zu ihm bin und erzählte ihm, dass er mich ganz bald wiedersehen würde.

Dieses Erlebnis empfand Lilly als tiefe Seelenverbindung zwischen uns beiden und war davon überzeugt, dass wir zwei unzertrennlich zusammen gehören. So sehr sie sich ernsthaft gewünscht hatte, dass Moritz bei ihr bleiben könnte, machte ihr sein Verhalten an diesem Tag eindeutig klar, dass er an meiner Seite seinen besten Platz hat. Sie erzählte mir, dass sie wirklich geplant hatte, mir meine Fellnase abzuschwatzen.

Ich war gerührt, als sie erzählte und bestätigte ihr, dass ich immer wieder auf sie zurückkommen würde, wenn es darum geht einen Katzensitter zu engagieren. Sie wirkte beschwingt und lächelte mich zufrieden an. Sie erzählte mir alle Episoden, die sie mit meinem Moritz erlebt hatte, wir lachten viel und währenddessen wich Moritz nicht von meinem Schoß. Ich war sehr froh zu erfahren, dass er viel mit ihr schmuste und sich ihr gegenüber oft so verhielt, wie bei mir in ähnlichen Situationen. Das war für mich die Bestätigung dass sich Moritz wirklich absolut wohl gefühlt hatte. Ich bemerkte, dass Lilly den Moment unserer Abreise so lang wie nur irgend möglich heraus zögern wollte, aber nach einigen Stunden war es dann wirklich Zeit zu gehen. Herzlichst und voller Dankbarkeit verabschiedeten wir uns voneinander und jeder kehrte langsam in sein Leben zurück. Wenn es mir auch ziemlich leid tat Lilly allein zurück zu lassen.

Moritz war natürlich bei der Autofahrt wie immer unglücklich, hatte jedoch die Strapazen bei der Rückkehr in unser gemeinsames Zuhause schnell vergessen. Die Wohnung wurde inspiziert und dann schnell wieder der Couchplatz besetzt.

Unser Alltag kehrte zurück und ich telefonierte immer mal wieder mit Lilly, erzählte ihr Geschichten von Moritz um sie zu erfreuen.

Nun stand unser nächstes Vorhaben an, unser gemeinsamer Flug ins Ausland.

Der Gedanke daran machte mich anfangs sehr unruhig, ich versuchte alles darüber zu erfahren und mich so gut wie möglich darauf vorzubereiten mit meinem Kater durch die Luft zu fliegen. Immer wieder versuchte ich alles Mögliche in Erfahrung zu bringen. Allem voran war es mir wichtig, dass er den Flug so gut es geht übersteht. Von alternativen homöopathischen Mitteln bis zu medizinischen Produkten gab es einige, die empfohlen und auch abgelehnt wurden, das Internet war voll von allerlei Hinweisen. Ich wühlte mich durch die Seiten, Meinungsberichte und suchte weiter nach der Methode die beste für uns beide sein würde.

Manche Katzenbesitzer schwören auf eine Art Betäubungspille, welche man beim Tierarzt erhält, andere lehnten sie komplett ab, da die Benommenheit die Tiere sie mehr verunsichern könnte, als das Ertragen der Reise. Noch dazu, weil die Pille wohl auch die Muskulatur etwas gelähmt hätte.

Neben den üblichen Vorbereitungen, wie Chippen und Impfauffrischungen, ging mir immer wieder durch den Kopf, wie ich Moritz bestenfalls ohne Nachwehen und Schock den Flug überstehen lassen könnte.

Fest stand irgendwann, dass er ganz bestimmt nicht in den Frachtraum kommen sollte. Fünf Stunden ohne mich in einer so fremden Umgebung, die ihn allein durch die anhaltenden Lautstärke sehr verunsichern würde, das wollte ich keinesfalls.

Die Reise unter meinem Sitz in einer Box erschien mir als angenehmere Möglichkeit. Es gab nur ein Problem, Moritz war um einiges schwerer, als das zulässige Gewicht für die Kabine. Ich erkundigte mich, ob es Erfahrungen gab, dass die Katzen gewogen wurden. Manchmal ja , manchmal nein. So musste ich wohl dafür sorgen, dass die Box mit Inhalt nicht zu schwer aussah. Ich hatte bald eine hübsche Transportkiste gekauft, welche Moritz zuhause schnell gefiel. Es beglückte mich, weil ich hoffte ihm so die Zeit des Fluges angenehmer bereiten zu können, wenn er sich bereits zuvor vertraut darin schlafen legen würde.

Etwas Baldrian auf die Decke in der Box und schon wurde sie äußerst interessant.

Diese Mission gelang sehr erfolgreich, Moritz bevorzugte die neue Anschaffung dem Schlafplatz auf dem Aquarium.

Auf Anraten der Tierärztin entschied ich mich während des Fluges für keine Pille. Natürlich plagte mich hin und wieder ein Gefühl der Zerrissenheit, ob meine Pläne und wie ich sie ansetzte, für Moritz gut zu ertragen wären. Doch dann wurde mir wieder bewusst, dass Moritz mir die Gewissheit gab, glücklich zu sein, wenn er seinen Platz an meiner Seite hatte.

Der Tag des Fluges hatte sich genähert, wir machten uns gemeinsam auf die Reise zum Flughafen. Ich freute mich sehr auf das Meer und die zu erkundende Unterwasserwelt. Ich hatte viele Pläne, humanitäre Aufgaben, Land und Leute kennen lernen und vor allem die Sprachen auffrischen. Natürlich war Moritz keineswegs erfreut, als er realisierte, dass die Box diesmal zu ging und auch blieb. Am Flughafen angekommen, zogen wir natürlich sämtliche Aufmerksamkeit auf uns. Für mich nicht ganz einfach, denn ich musste ja so tun, als wäre meine Fellnase nur vier Kilo schwer. Tatsächlich lagen wir bei der doppelten Gewichtsmasse.

Ich bemühte mich angestrengt beim Tragen meiner Katerbox so zu wirken, als wäre sie federleicht.

So schritt ich mit meinem Gepäck und meiner Mieze im Handgepäck zu „Check in Schalter". Ich wünschte mir so sehr, dass niemand auf die Idee kommt mein Katerchen zu wiegen.

So stellte ich seine Transportkiste mit schwingender Leichtigkeit auf meinen Trolley. Ich hoffte und betete, dass die „Check In"-Lady vielleicht eine Katzenbesitzerin sei, oder zumindest etwas Sympathie für meinen Kater hatte. Wir hatten tatsächlich großes Glück, die Lady war auch Katzenbesitzerin. Ein kleiner Plausch bei der Ticketerstellung und alles funktionierte ganz wunderbar, wir hatten es geschafft. Puhhh, diese Hürde war gut überwunden, mir fiel ein ganzer Steinhaufen vom Herzen. Meine größte Befürchtung war nun glücklicherweise vom Tisch.

Vor uns lag noch der Flug, ich beruhigte mich immer wieder selbst. Hatte mir mein kleiner Gefährte doch oft bewiesen, dass er ziemlich robust gestrickt war und ein Abenteurer aus voller Seele ist.

Um mich zu beruhigen, stellte ich mir den Moment vor, indem wir unsere neue, vorübergehende Wohnung im Ausland aufschließen ..., eintreten und für eine Weile ein etwas anderes Leben führen würden, als wir es bislang gewohnt waren...

Nach einer gefühlten Ewigkeit saßen wir endlich im Flieger. Moritz unter meinem Sitz. Da die Kiste etwas größer war, hatte ich kaum Platz irgendwo meine Beine zu lassen. Zum allerersten Mal in meinem Leben war ich wirklich sehr froh, keine langen Beine zu haben. Es blieb ruhig in der Box, Moritz schien sich an die Fluggeräusche gewöhnt zu haben, vielleicht schlief er, das hoffte ich. Nach der Landung schaute ich nach Moritz, er sah gut aus, was mich unglaublich erleichterte. Nun beeilte ich mich, möglichst als eine der Ersten die Passkontrolle zu passieren, um meinen kleinen Panther ganz schnell aus der Tasche befreien zu können. Als ich dann unser Gepäck wieder eingesammelt hatte, schritten wir mit anderen in der Reihe Richtung Ausgang. Ich wusste, dass ich von meiner Freundin erwartet wurde. Plötzlich sprach mich ein Zollbeamter an, da er mein Tier in der Box bemerkt hatte. Er verlangte „Yellow Papers" . Als ich ihn beobachtete, bezweifelte ich, dass er überhaupt lesen konnte, was in den Papieren stand, denn er fing an den Pass von hinten aufzublättern, leider die Schrift auf dem Kopf und sah etwas verunsichert immer wieder zu mir auf. Dann schaute er noch einmal in die Box und teilte Moritz mit „Welcome to Egypt" Im Anschluss gab er mir ein Handzeichen, das ich passieren kann. Ich war so erleichtert.

Gelöst verließ ich das Flughafengebäude und hielt Ausschau nach meiner Freundin, auf sie war Verlass, sie stand bereits startklar am Parkplatz. Ich versprach meinem Moritz, dass er es nun fast geschafft hatte, nur fünf Minuten trennten uns von der Wohnung. Die Reise hatte uns beide angestrengt, ich hoffte, dass Moritz noch ganz der Alte war. So öffnete ich sofort nach Eintritt in unser neues Heim die Transportkiste und hielt die Luft an.

Etwas vorsichtig, aber dann bestimmt startete mein Kater seine Erkundungstour in der neuen Behausung. Schnüffelte alles ab, schaute alles genau an und fand sofort den Weg in seine neue Toilette. Ich war überglücklich, dass er alles gut überstanden hatte und ganz offensicht-

lich keinen Schaden genommen hatte, denn seine Abenteuerlust
flammte sofort auf.

Ich hätte gedacht, dass er sich zu allererst etwas ausruhen würde, aber
nicht Moritz. Er hatte sofort Gefallen daran sich einzuleben. Überglücklich ließ ich mich auf die Couch fallen.

Wir gewöhnten uns beide schnell ein und alle Anstrengungen der Reise waren rasch vergessen.

Die Wohnung war großartig hatte helle, hübsche Zimmer und einen
wirklich geräumigen Balkon, wie für Moritz gemacht. Ich hatte natürlich auch ein Katzennetz für meinen Liebling im Gepäck verstaut. Am
nächsten Tag war das Netz angebracht und Moritz genoss den täglichen Frischluftausflug in vollen Zügen. Sofort wurde einer der Stühle
seiner, erstaunlicherweise genau an derselben Position, wie der in
unserer Wohnung zuhause. Das sonnige Wetter gefiel Moritz außerordentlich gut, er fühlte sich augenscheinlich sehr wohl. Die Schlafens-
zeiten verbrachte er von nun an draußen, außer an superheißen Tagen.

Die Sonne und das stets wohlig warme Wetter taten uns beiden so
gut. Ich war sehr glücklich Moritz bei mir zu haben und ihm schienen
die Veränderung tatsächlich gar nichts auszumachen. Ich erkundete
neugierig Land und Leute und natürlich am allerliebsten das bezau-
bernde Meer mit seinen vielfältigen Riffen. Tauchen war meine Lei-
denschaft, jeder Tauchgang ein neues Abenteuer.

Viele interessante Menschen gab es kennenzulernen, schnell hatte ich
ein tolles soziales Netzwerk geknüpft. Wir stellten wundervolle Dinge
auf die Beine, für Menschen und auch für Tiere. Ich wollte immer etwas bewirken in der Welt, nun hatte ich die Möglichkeiten direkt vor
mir und konnte etwas in die Hand nehmen, statt nur Geld an irgend-
wen zu geben, der es dann sicher nach Afrika bringen würde. Wenn
ich nach Deutschland reisen wollte, fand ich schnell einen lieben Katzensitter. Alles lief wirklich wunderbar, Moritz blieb entspannt, wenn
ich mich ab und an entfernte. In ihm war während unseres Zusammenlebens ganz bestimmt die Sicherheit gewachsen, dass ich immer
wieder zu ihm zurück kehre.

Wir blieben zusammen einige Zeit im Land der Pharaonen. Ich erlebte so viele eindrucksvolle Momente und Begegnungen, schlug mich tapfer durch und genoss eine wunderbare Zeit, die mich sehr prägte. Plötzlich und unerwartet sollte eine einzige Nacht unser zukünftiges Zusammenleben ganz erheblich verändern. Ich hatte meine Freunde und Bekannten zu einer Party eingeladen, der Anlass war mein Geburtstag. Die Party war gelungen, es gab leckere, deutsche Gerichte und jede Menge Spaß bis in die Nacht. Erschöpft räumte ich nach den letzten Gästen kurz auf, um mich dann ins Bett zu begeben, ich war vom feiern ziemlich müde und es war bereits kurz vor drei Uhr.

Als ich am Morgen darauf durch Moritz' Gejammer nach Futter erwachte, begab ich mich schlaftrunken ins Bad. Danach streifte ich kurz das Wohnzimmer und plötzlich traf mich fast der Schlag. Auf dem Wohnzimmertisch erblickte ich entsetzt eine leere Schokoladenverpackung. Sofort versuchte ich mich zu erinnern, ob sie bereits leer war, als ich zu Bett ging....

Aber dann hätte ich doch das Papier weggeräumt... In mir stieg plötzlich Panik auf.

So versuchte ich mich wenigstens daran zu erinnern, welche Menge Schokolade sich noch in der Verpackung befand, als ich sie das letzte Mal auf dem Tisch gesehen hatte.

Ich musste die Tafel vollkommen übersehen haben, bevor ich zu Bett ging. In meiner Erinnerung dämmerte mir, dass die Hälfte der Schokolade noch vorhanden war, ich sie am Abend das letzte Mal auf dem Tisch gesehen hatte. Aber es war auch möglich, dass sie noch von den letzten Gästen vertilgt worden war. Schnell rief ich meine Freundin an, um zu erfragen, ob sie sich genauer erinnern konnte. Sie war bis zum Schluss der Party anwesend und hatte auch eine halbe Tafel in ihrem Erinnerungsvermögen gespeichert.

Ich war verwirrt! Sollte Moritz tatsächlich eine halbe Tafel Schokolade gefressen haben?

Einerseits waren für ihn die magischen Dinge auf dem Couchtisch immer sehr verführerisch,

andererseits hatte er in der Küche niemals etwas angerührt.

Ich musste mich sortieren, es konnte doch kaum sein, dass eine Katze so viel Schokolade frisst und noch am Leben war. Ich hatte darüber mal was gelesen, was die Leber betrifft und dass war gar nicht gut. So schnappte ich mir meinen Kater und begutachtete ihn ganz genau. Es schien ihm gut zu gehen, er war nicht anders, als sonst auch. Ich ließ vorsorglich sein Frühstück schmaler ausfallen und beobachtete ihn den ganzen Tag. Feststellen konnte ich nichts, er verhielt sich ganz normal. Ich rief eine gerade in der Nähe wohnende Tierärztin an, um ihr mein Leid zu klagen. Ich sollte beten, dass er es unbeschadet übersteht. In großer Sorge hatte ich jedoch auch keine Möglichkeit irgendetwas zu tun. Der Tag verging und alles lief augenscheinlich normal. Wir hatten wohl Glück gehabt, Moritz schien entweder ein wirklich harter Knochen zu sein, oder die Schokolade war wirklich gar nicht mehr vorhanden. Ich war am Abend erleichtert in der Hoffnung, dass wirklich nichts auf dem Tisch liegen geblieben war, außer dem Papier. Im Laufe der nächsten zwei Wochen veränderte sich Moritz' Verhalten schleichend. Er hatte immer mehr unstillbaren Hunger, als würde er nie mehr satt.
Moritz war schon immer ein Vielfraß, aber er wurde so penetrant gierig, als hätte er tagelang gar nichts gefressen.
Auch fiel mir auf, dass er seinen Wassernapf täglich komplett leerte und natürlich machte sich dies auch in der Katzentoilette bemerkbar. Ich beobachtete sein Verhalten in den Folgetagen und die Veränderungen verstärkten sich immer mehr. Ich stellte nun zweimal frisches Wasser bereit, welches komplett geleert wurde, versuchte seinen endlosen Hunger mit mehr Futtergabe zu stillen und realisierte bald, dass Moritz auch auf den Küchenzeilen nach Fressbarem regelrecht wie besessen suchte. Er leckte sogar Pfannen aus und verhielt sich auch kurz nach den Mahlzeiten noch ganz hungrig. Begleitend dazu stellte ich fest, dass er immer mehr an Gewicht verlor, obwohl er so viel fraß. Als ich nach Antworten auf das Verhalten suchte, fiel mir plötzlich wieder das Ereignis mit der Schokolade ein. Dann brachte ich spekulativ sein seltsames Verhalten damit in Verbindung. Ich rief die Tierärztin an und schilderte meine Beobachtungen. Ihre Vermutungen

gingen in Richtung Diabetes oder Nierenprobleme und schlug mir vor zur Klärung einen Bluttest zu machen.

In Hurghada gibt es das Bluemoon Animal Center, welches seit vielen Jahren von Monika aus der Schweiz geführt wird. Selbstlos und leidenschaftlich kümmert sie sich mit vielen freiwilligen Helfern um Fellis, welche Schutz und Hilfe benötigen. Viel Leid hat sie gesehen und in den Jahren auch herbe menschliche Enttäuschungen im Zusammenhang mit Tieren erfahren müssen. Ein schwieriges und auch kostenintensives Projekt, Gott sei Dank gibt es diese Anlaufstelle für Tiere und jede Menge Menschen mit dem Herzen am rechten Fleck.

So fuhr ich mit Moritz dorthin und wollte diesen Bluttest machen. Natürlich hinterließ mein Kampfkater dort nicht den besten Eindruck und wurde zum wilden, fauchenden Tiger.

Mit viel Geduld kamen wir dennoch ans Ziel. Um Moritz zu beruhigen musste ich ihn auf die Schulter legen und beruhigen. Ich habe einiges von seinen Krallen abbekommen, in heiklen Situationen konnte er wohl nicht unterscheiden zwischen Freund und Feind. Nach einigen Strapazen hatten wir es überstanden. Jeder Gang zum Tierarzt war für mich ein reiner Nervenakt, weil ich wusste wie sehr Moritz es hasste solchen Umständen ausgesetzt zu sein. Ich litt natürlich mit ihm. Dann verging eine Ewigkeit, Stunden des Wartens, ich war so voller Hoffnung, dass alles gut werden würde.

Auf meinem klingelnden Handy erschien der Name der Tierärztin, ich antwortete hoffnungsvoll.

Die folgenden Sätze nahm ich nur wie im Rausch wahr...

„Moritz hat Diabetes, er hat ziemlich hohe Werte. Es sieht nicht gut aus"

Sie wies mich darauf hin, dass es durch den Stress zu tatsächlich hohen Werten im Blutbild kommen könnte, dass jedoch aufgrund seiner Symptome dennoch davon auszugehen ist, dass er erhöhte Blutzuckerwerte auch ohne Stress aufweist.

Ich fühlte mich komplett schachmatt und konnte gar nicht antworten. Meine Gedanken fanden keinen Halt. Wortlos irrten sämtliche Situationen in alle Richtungen. Sollte hier unser gemeinsamer Weg bereits

enden? Ich fragte nach, welche Möglichkeiten wir hätten dieses Problem in den Griff zu bekommen.
Sie machte mir nicht viel Hoffnung, meinte eine Tablettentherapie wäre äußerst problematisch, da
sie bei dem Gewicht einer Katze schwer dosierbar wären. Ich fragte sie aus, was gerade mit seinem Körper geschieht. Sie erklärte mir, dass er eigentlich verhungert, da der Körper das Futter durch das fehlende Insulin nichtmehr aufnehmen kann. Ich wurde sprachlos und mein Kopf fühlte sich an, wie voll mit Bauschaum.
Mir fehlten die Worte um das Gespräch sinnvoll zu beenden, die Tierärztin bemerkte dies und empfahl mir die Nachricht erst einmal sacken zu lassen, jederzeit könnte ich mich zurück melden.
Ich musste mich setzen, Moritz saß zu meinen Füßen und schaute mich entgeistert an, als mir die Tränen aus den Augen liefen. Mir sausten tausende Gedanken immer wieder Kopf im umher.
In meinem Leben wusste ich meist genau, welchen Weg ich einschlage, es gab keine Herausforderung der ich mich nicht stellen wollte.
Doch diese nüchterne Information lähmte mein Denken und ich fühlte mich das allererste Mal im Leben unendlich hilflos und allein. Lange saß ich einfach nur da und schaute meinen süßen Moritz an, knuddelte und herzte ihn, als würde er mir im nächsten Moment genommen.
Eine große Leere erreichte mich und gedankenversunken dachte ich an alle wundervollen Momente unseres gemeinsamen Zusammenlebens zurück. Ich weinte still vor mich hin und fühlte mich so unsagbar hilflos der nackten Wahrheit gegenüber. Verzweiflung und Traurigkeit standen im Raum. So verweilte ich Stunden, in denen ich gar nicht fähig war, klar zu denken. Irgendwann kam mir in den Sinn mich bei der Tierärztin zu melden, welche Moritz bei seinem Fenstersturz so liebevoll betreut hatte. Ich hatte großes Glück und bekam sie sofort ans Telefon. Ich schilderte ihr die Situation und war überrascht, dass sie sich immer noch an meinen kleinen schwarzen Teufel, wie sie ihn nannte, erinnern konnte. Sie erzählte mir, dass sie auf dem Gebiet Diabetes nicht viel Erfahrung hatte, es aber Kollegen gibt, die darauf spezialisiert sind. Ihrer Aussage zufolge gäbe es die Möglichkeit Tiere genauso zu behandeln, wie Menschen, durch Testen und Spritzen.

Ich hörte ihr gespannt zu, sie riet mir mich im Internet schlau zu machen.

Dankbar verabschiedete ich mich und setzte mich sogleich an den PC. Die Vorstellung meine Katze zu spritzen erschien mir sehr gruselig und gerade mein Kater würde sich das mit Sicherheit niemals gefallen lassen. So hoffte ich immer noch auf Alternativen. Im Internet gab ich „Diabetes bei Katzen" ein. Es erschien sofort eine Seite „Katzendiabetes.de" Diese wurde von Helga betrieben, deren Kater Clyde bereits seit einigen Jahren mit der Diagnose überlebt hatte.

Voller Hoffnung las ich mir die ganze Seite durch und war mit der anfänglichen Informationsflut ziemlich überfordert.

Grundlegend positiv gestimmt glaubte ich daran, dass wir eine Chance haben könnten, jedoch schien dieser Weg nur über die Spritzen und die vorherigen Messungen möglich zu sein. Was ich las überforderte mein Vorstellungsvermögen, es waren so viele Dinge, die es zu beachten gab und deren Zusammenhänge so komplex erschienen.

Ich müsste mehrmals täglich Hometesting vornehmen, also den Blutzucker im Ohr testen und Moritz täglich Spritzen verabreichen. Die nächste Herausforderung lag darin, das richtige Futter zu finden und auch korrekt dosiert mit der Menge an Insulin zu kombinieren. Eine Informationsflut streifte mein Gehirn und ich war völlig beeindruckt, wie andere Katzenbesitzer ihre Miezen dazu bekommen haben, all diese Prozeduren über sich ergehen zu lassen. War doch mein Moritz sehr speziell im Umgang mit fremdbestimmten Dingen. Ich las weiter über die Möglichkeiten des Blutzuckertestens im Ohr der Katzen. Wie nur sollte ich das anstellen? Allein die Katze ruhig zu halten, um diese filigrane Messung durchführen zu können gab mir Rätsel auf. Ich war mir ganz sicher, dass diese Behandlung bei allen lieben Kätzchen der Welt funktioniert, aber auf keinen Fall bei meinem Moritz. Ich beschloss die Inhaberin dieser Homepage anzurufen und um Hilfe zu bitten. Mein Glück konnte ich kaum fassen, denn ich erreichte sie sofort. Die nette Dame wirkte sachlich sehr kompetent, auch wenn mir das Ganze anfangs wirklich abenteuerlich erschien. Geduldig und routiniert erklärte sie mir, was ich für den Anfang benötigen würde. Auch erklärte ich ihr, in welcher Situation wir uns im Ausland befanden. Ausgegangen war ich davon, dass es bestimmt einige Katzen mit Diabetes gibt, erstaunlicher Weise berichtete sie mir von tausenden. Ihre Erfahrungen und Erzählungen gaben mir wirklich Hoffnung und ein wenig Zuversicht.

Sie ging auf meine Ängste ein und versuchte mich langsam einzuführen. Auch äußerte ich die Bedenken, dass mein Kater all dies nicht zulassen würde. Helga gab mir zu verstehen, dass es mit Liebe und Vertrautheit ganz bestimmt funktionieren wird, ohne dass mich ihre Worte wirklich überzeugen konnten. Sie bat mich darum die benötigten Utensilien zu besorgen und mich dann wieder bei ihr zu melden. Sie nannte mir geeignete Blutzuckermessgeräte für Katzen, sowie entsprechend verwendbare Insuline. In Deutschland hätte ich dies natürlich sicherlich bei Tierarzt bekommen, in meiner Situation musste ich uns selbst helfen und nach allen Dingen suchen. Sie hatte mir empfohlen, mich in ihrem Forum einzulesen, um viele Informationen von Gleichgesinnten zu erhalten und meine Hemmschwelle bezüglich des Spritzens überwinden zu können. Ich bedankte mich für die entgegengebrachte Hilfe und verabschiedete mich fürs Erste. Wieder sah ich Moritz an und führte mit ihm Gespräche. Er hörte zu und stupste mich an, als würde er meine Not verstehen. Ich habe ihn wirklich flehend gebeten es uns beiden leicht zu machen und wollte ihm die Gewissheit vermitteln, dass hinter allem, was ich von nun an mit tun würde, nur allein meine Absicht steht, ihm zu helfen und sein Leben zu retten. Später ging ich noch in das Forum von katzendiabetes.de. Hier schrieben wirklich sehr viele Katzenbesitzer, alle hatten sich im Alltag mit ihren Diabeteskatzen eingefunden und tauschten ihre Erfahrungen in dem Forum aus. Ich schöpfte Mut, auch wenn ich mir alldem gegenüber sehr unbeholfen vorkam. So viele Fachbegriffe und Dinge von denen ich rein gar nichts verstand, wie Ketone. Dennoch schienen ziemlich viele Leute mit diesen Umständen erstaunlich gut zurande zu kommen, deren Katzen wohl ebenso.

Wieder sah ich meinen Moritz an, er bettelte schon wieder hartnäckig nach Futter.

Ich verbrachte nun Stunden im Internet um alles aufzusaugen, was das Netz hergab.

Mir kam der Gedanke mit Moritz nach Hause zu reisen, jedoch hätte die Aufregung eines Fluges mit diesen hohen Zuckerwerte ihn vielleicht umbringen können. So beschloss ich irgend möglich das Problem so gut es ging vor Ort in den Griff zu bekommen, dann könnten wir fliegen, wenn er stabil sein würde.

So graste ich am Abend alle Apotheken im Umkreis nach den Notwendigkeiten zum Blutzucker testen und dem Insulin nebst Spritzen ab. Leider erfolglos . Ich beschloss mich am nächsten Tag in den Bus zu setzen und die siebenhundert Kilometer nach Kairo zu fahren, um alles Notwendige für Moritz besorgen zu können. Meine Nachbarin würde sich solange um ihn kümmern, die Zusage hatte ich bereits. Gesagt, getan, noch am selben Tag besorgte ich mir ein Ticket und betete, dass ich die Tour in Anbetracht der Verkehrszustände heil überleben würde. Ich startete um 22.00 Uhr abends mit einem Bus nach Kairo. Abenteuerlich war diese Reise allein auf jeden Fall, aber ich hatte nur ein Ziel vor Augen, Moritz' Leben retten. Die Fahrt sollte etwa sieben Stunden dauern. Es handelte sich um einen Linienbus, bis auf den letzten Platz ausgebucht. Genau vier Europäer befanden sich im vollbesetzten Bus. Als ich Kontakt zu einem europäischen Pärchen aufnahm, schilderte ich meinen Grund für den abenteuerlichen Trip. Das Pärchen wohnte bereits einige Zeit in Ägypten, kam aus Holland und bot mir Gesellschaft an. Sie kannten sich in Kairo ganz gut aus, wie sich heraus stellte. Meine Bemühungen fürs Kätzchen werteten sie bewundernswert und sagten mir absolute Unterstützung für meinen notwendigen Einkauf zu. Ich war wirklich erleichtert, mich nicht allein durschlagen zu müssen. Vor allen Dingen war ich froh, dass wir zusammen reisten, nachts mitten durch die Wüste, mulmig war mir zuvor bei dem Gedanken schon. Ich hoffte eigentlich darauf in dem Bus bis zur Ankunft etwas schlafen zu können, hatte mir die Reise aber etwas anders vorgestellt. Nach der Abfahrt wurde das Licht im Bus ausgeschaltet, der Busfahrer legte einen Film ein. Dröhnend laut und mit völlig übersteuertem Ton lief die ägyptische Komödie, in denen es stets hysterisch verbalen Wortaustausch gab.

Ab und zu hatte ich solche Schinken beim durchzappen im Fernsehen gesehen. Ich hatte die Hoffnung, dass diese Lautstärke nicht die ganze Reise über anhalten würde. Die einheimischen Mitreisenden schienen es zu mögen und konnten erstaunlicherweise sogar dabei schlafen. Auch die mitreisenden Kinder schliefen bei diesem unglaublichen Lärm. Irgendwann musste ich hinnehmen, dass ich eine Komödie nach der anderen in dieser Frequenz während der Fahrtzeit über mich ergehen lassen musste. Ich war total müde, genervt und hoffte, dass ich diesen Trip schon irgendwie hinter mich bringen würde. Mit höchst abenteuerlichem Fahrstil und absolut unangepasstem Tempo, sauste der Bus durch die Nacht. Immer an der Küste entlang. Rechts das Meer, links Wüste. Wenige Häuser, streckenweise endlose Kilometer ohne jede Beleuchtung oder Anzeichen von Leben, braches Land Geröllwüste und Steinöde. Irgendwann wurde ein Stop an einer Art Raststätte eingelegt. Zahlreiche Busse standen dort zur Rast. Das nette europäische Pärchen riet mir bei ihnen zu bleiben, um nicht im Gewusel abhanden zu kommen. Es war gut sich die Beine zu vertreten, bevor es weiter ging. Schlafen konnte ich nicht eine Minute im lärmenden Bus und schaute durch die Fenster raus auf die Straße und aufs Meer.

Immer wieder schossen mir die sonderbaren Umstände, die mich ereilt hatten durch den Kopf. Ich spielte in Gedanken durch, wie ich Moritz dazu bringen könnte, sich alles was ich mit ihm vor hatte, gefallen zu lassen.

Völlig übermüdet erreichte ich kurz nach Sonnenaufgang die Metropole Kairo. Lange fuhren wir durch die Stadt, bis wir endlich am Busbahnhof angekommen waren. Heilfroh diesen Trip lebend überstanden zu haben, verdrängte ich die Müdigkeit. Noch immer dröhnten mir die Ohren von den Komödien. Das Pärchen wollte ebenfalls ein paar Sachen einkaufen, Notwendigkeiten besorgen und mit dem nächsten Bus, genau wie ich, wieder zurück fahren. Sie hatten mir angeboten mitzukommen und auf ihrem Weg auch meine Sachen zu erledigen. Mehr als ich damals ahnte, wussten die beiden, dass ich im Alleingang in dieser Stadt sehr verloren sein würde.

Wir machten uns auf den Weg. Die Straßenzüge waren sehr gewöhnungsbedürftig, überall hupte es und Menschenmassen bewegten sich in dieser Stadt wie Ameisen, entweder zu Fuß oder mit Autos. Sehr abenteuerlich war das Überqueren einer Straße, die Autos kamen von überall. Fußgängerwege oder Ampeln gab es nicht. Man musste schauen, dass man die Straße am Leben bleibend überqueren konnte, sehr abenteuerlich.

Nach einigen Versuchen in diversen Apotheken wurde ich endlich fündig. In dieser sprach jemand sogar ein wenig deutsch. Und schon legte ich damit los, was ich alles benötigte. Ein bestimmtes Glukometer zum Blutzucker messen, dazu jede Menge Teststreifen, Einwegspritzen für Diabetiker und natürlich Lantus, das nötige Insulin. Empfohlen wurden mir die Glukometer Freestyle und Accu Check, da die benötigte Blutmenge für den Teststreifen bei den verschiedenen Geräten variiert. Bestenfalls wollte ich mit so mit so wenig Blut, wie möglich bei der Messung auskommen. Ich entschied mich für das Freestyle-Messgerät. Im Forum hatte ich über die Insuline Levemir und Lantus gelesen, beides Langzeitinsuline. In meiner angesteuerten Apotheke war nur Lantus verfügbar. Jubin, eine hochdosierte Zuckerlösung für den Fall der Unterzuckerung erhielt ich ebenfalls. Euphorisch und glücklich empfing ich die Anleitungen des Apothekers zum Insulin und dem Messgerät.

Ganz am Schluss fragte mich der Apotheker, ob mir die Handhabung der Insulinmenge geläufig wäre. Ich antwortete, dass ich es ausprobieren müsste. Er sah mich dann so verdutzt an, dass ich die Fragezeichen, über seinem Kopf aufsteigen sehen konnte. Nun musste ich mit der Sprache raus, hatte es eigentlich vermeiden wollen.

Ich erklärte ihm diese Ausstattung würde für meine Katze sein .

Sein Gesicht entgleiste, weil ich gerade 100€ für alle benötigten Utensilien gelassen hatte, wahrscheinlich für ihn ein Monatsgehalt. Dennoch hat ihn scheinbar beeindruckt, dass ich all das für meine Katze auf mich nehme. Etwas gezwungen lächelnd gab er mir zu verstehen, dass meine Katze großes Glück mit mir hat und er uns alles Gute wünscht. Ich nahm die Wünsche an und erwiderte mit einem Lächeln meinerseits.

Ich war rundum zufrieden endlich alles Benötigte erhalten zu haben und freute mich nur noch auf meine Rückkehr zu Moritz. Obwohl ich noch nicht recht wusste, was ich genau damit anfangen würde, war ich erleichtert. Ich hatte alles besorgen können, was ich benötigen würde, um das Leben meines Katers zu retten.

Ich zog mit dem holländischen Pärchen noch etwas durch die belebten Straßen, da uns noch Zeit blieb, bis der nächste Bus zurück nach Hurghada fuhr. Abschließend nahmen wir uns ein Taxi, um zum Busbahnhof zurückzukehren und unseren Heimweg anzutreten.

Ich war so überaus dankbar, dass zum Start der Rückfahrt nur Musik über die Lautsprechen zu hören war. Ich schaute mir durch das Busfenster die verstaubten Straßen von Kairo an, kurz nachdem wir aus der Stadt heraus gefahren waren, fiel ich in einen komatösen Tiefschlaf in meinen Sitz. Die meiste Zeit der Rückreise verschlief ich. In Hurghada angekommen, bedankte ich mich herzlichst bei dem holländischen Pärchen und verabredete mich auf ein Dankeschön in der Folgewoche mit ihnen beim Thailänder.

Zuhause angekommen freute sich mein Moritz sehr über meine Rückkehr. Ich beschloss mich daran zu machen, mich und meinen Diabetiker auf die Probe zu stellen. Beginnen sollte ich laut Helga mit dem Messen des Blutzuckers, um überhaupt zu sehen, wie hoch die Werte überhaupt lagen.

Gedanklich wollte ich vor dem großen Start einmal in Ruhe und theoretisch alle Schritte zur Blutgewinnung durchgehen, ich hatte wirklich ziemlichen Respekt vor der ganzen Nummer.

So stellte ich alles bereit, entspannte kurz meditativ in Gedanken auf der Couch und machte ich mich ans Werk. Ich wusste, dass ich Moritz kein Anzeichen von Schwäche geben durfte, denn wenn er Oberwasser bekam, würde ich chancenlos werden. Noch einmal las ich nach, wie das Tröpfchen Blut am besten auf meine Streifen gelangen sollte. Dann las ich die Bedienungsanleitung des Blutzuckermessgerätes. Ich rief zur Sicherheit noch einmal Helga an. Wir gingen alles noch einmal gemeinsam durch und sie gab mir hilfreiche Tipps und mentale Kraft durchzustarten. Nun kam für mich die schwerste Übung. Wie sollte ich Moritz dazu bekommen bei der ganzen Prozedur ruhig zu bleiben. Das erste Problem bestand darin, dass die Ohren zum Messen warm sein sollten, um genug Blut auf den Streifen zu bekommen. Ich versuchte Moritz die Ohren beim Streicheln etwas zu reiben, um seine Reaktion und Geduld zu prüfen. Eine Weile ließ er es sich gut gefallen, dann wurde es ihm über. Wie sollte das mehrere Male am Tag funktionieren? Tagsüber war ich oft außer Haus. Jedoch sollte ich Moritz zum Einstellen der Insulindosis auch engmaschig im Abstand von zwei Stunden durch Messung überwachen.

Ich hatte ernsthafte Bedenken, wie ich die umfassende und strikte Handhabung in den Griff bekommen sollte.

Wie nur sollte ich meinen Kater für die notwendige Therapie positiv einstimmen?

Mir fiel ein, dass ich einen Platz in meiner Höhe für Moritz finden musste, um an und mit ihm arbeiten zu können. Ich entschloss mich ein Duschhandtuch auszurangieren und als Unterlage auf dem Tisch zu verwenden. Von Helga hatte ich den Tipp es mit Futter zu versuchen, zum Glück war mein Kater ja ein Nimmersatt. Wenn ich nun Moritz fortan auf den Tisch setze, ihm das Futter reiche und meinen Bluttest während des Fressens machen würde, könnte es ganz gut funktionieren.

Ich wollte unbedingt vermeiden, dass er sich wie beim Tierarzt genötigt fühlt, vor allem dass er fürchten könnte, ich wolle ihm etwas Böses. Ich durfte sein Vertrauen nicht verlieren, das war meine größte Angst.

Ständig suchte ich seine Nähe und mit jeder Streicheleinheit habe immer wieder ich das Reiben an seinen Ohren verbunden, um ihn daran zu gewöhnen, dass diese Berührung zukünftig ganz normal sein würde.

Als ich mir ein letztes Mal die Aktion der Messung theoretisch vorstellte, war mir ziemlich klar, dass mir dafür nicht viel Zeit bleibt. Zum einen weil das Glukometer sich nach zwei Minuten automatisch ab schaltete, wenn kein Blut auf den Streifen kommt, zum anderen weil mein kleiner Nimmersatt rasant schnell Fressen würde.

Ich versuchte mit einigen Trockenübungen Moritz an die neue Situation zu gewöhnen. Ich legte das Handtuch auf den Tisch und setzte ihn hoch. Gut konnte ich seine Verwunderung erkennen. Er setzte sich und ich begann immer wieder seine Ohren zu reiben. Er gewöhnte sich wirklich schnell an meine Dressurversuche und manchmal genoss er es sogar. Die kleine Tasche mit dem Messapparat und der Stechhilfe mit Lanzette lag bereit. Die Stechhilfe gab beim Abschuss ein Geräusch von sich, welches Moritz anfangs ziemlich erschreckte. Während ich seine Ohren rieb, zog ich wiederholt die Stechhilfe auf und ließ sie leer abschießen, um ihn mit dem Geräusch an seinem Ohr vertraut zu machen. Ich stellte mir vor, dass dieses Klacken von einem sensiblen Katzenohr sicher sehr laut wahrgenommen wird. Nebenher gab es ein wenig Hühnchen, so hoffte ich seine Geduld zu stabilisieren. Ich lobte ihn sehr und war selbst furchtbar aufgeregt.

Es schien zu funktionieren, aber das war ja nur die Trockenübung.

Ich hatte von der Außenohrvene gelesen, diese verläuft am Ohrenrand entlang. Dort sollte es nun möglich sein Blut für die angestrebte Messung zu erhalten. In der Theorie und auf den Bildern im Netz sah das so einfach aus. Wenn ich mein Katerchen vor mir hatte, kostet es wirklich unendliche Überwindung ihn zu pieken.

Die Abläufe mussten in die richtige Reihenfolge gebracht werden, die Zeit spielte die größte Rolle und vor allem musste das Blut für die Messung in ausreichend auf dem Teststreifen eingezogen werden. Realistisch ausführen konnte ich die Messung wirklich nur, wenn Moritz durch das Futter abgelenkt sein würde. Nur konnte ich ihn auch nicht dauerfüttern, wenn ich bei der Messung versagen würde. Der Druck kostete mich Nerven. Helga hatte mir empfohlen etwas Wasser in das Futter zu mischen, um so Zeit für meine Messung zu schinden. Dann ging es los... Beim ersten Versuch traf ich leider nicht die beste Stelle. Dann wechselte ich schnell die Lanzette und startete erneut. Innerhalb dieses Wechsels hatte Moritz seine Futterportion leider schon aufgefuttert und das Glukometer schaltete sich auch noch ab. Super!

Ich hatte das Gefühl ich bräuchte viel mehr Hände, um den Ablauf handhaben zu können.

Natürlich war ich nicht sehr glücklich über die anfänglichen Misserfolge. Moritz überraschte mich sehr, denn er gewöhnte sich ganz schnell und gut an das neue Ritual, das Fressen auf dem Tisch, meine seltsamen Attacken an seinen Ohren. Ab und zu versuchte er natürlich sich zu entziehen, dann nahm ich ihm die Futterschale weg und hoffte er würde lernen. Moritz spielte wunderbar mit. Ab und an hielt er noch inne, gerade wenn es laut klackte, fraß aber darauf wieder weiter.

Zum ersten Mal in der Zeit unseres gemeinsamen Zusammenlebens war ich total glücklich, dass Moritz ein verfressener Kater war. Ich schöpfte Mut, dass vielleicht auch die Aktion mit der Spritze nicht so schlimm werden würde. Bei der vierten Messung hatte ich es zeitlich so geschafft, dass sich das Glukometer nicht ausschaltete und ich endlich einmal Blut auf den Messstreifen bekam. Ich konnte es kaum fassen, als die Messung begann...das Gerät zeigte an, das der Wert nicht messbar ist. Es war zu wenig Blut auf dem Streifen und ich der Verzweiflung nahe.

Am Abend sollte Moritz seine letzte Portion Futter erhalten und ich hatte immer noch keinen aktuellen Wert des Blutzuckers. Ich nahm mir ganz fest vor, es dieses Mal endlich zu schaffen.

Voller Optimismus nahm ich meinen Moritz herzend auf den Arm und setze ihn auf das Handtuch, das ich zuvor auf den Tisch gelegt hatte. Ich schmuste mit ihm und rieb dabei seine Ohren. Sie waren in den Spitzen kalt. Langsam und entspannt versuchte ich die Ohren auf bessere Temperatur zu bekommen. Moritz genoss es und ich verstand, dass mein Kater ganz genau spürt, wenn ich nervös bin. Ich kontrollierte meine Aufregung und blieb ganz ruhig. Als ich sein Futter holte, sprang er diesmal nicht vom Tisch, um mir zu folgen, nein er blieb sitzen um auf das Futter zu warten. Er hatte gelernt, dass das Futter nun immer zu ihm kommen wird. Mein schlaues Kätzchen, ich schmunzelte. Es gelang mir gut uns beide auf diesem schwierigen Moment einzustimmen.

Ich stellte das Futter kurz auf dem Schrank ab und kümmerte mich noch einmal um die Ohren.

Sie fühlten sich endlich warm an. Ich fühlte mich gut gestimmt für die bevorstehende Messung, Moritz auch. Ich stellte sein Futter vor seiner

Nase ab, er begann zu fressen und ich startete gleich damit den Streifen in das Messgerät zu stecken. Dann nahm ich mir das Ohr, legte den Wattepad dahinter und stellte mir die Vene in dem Ohr vor, wie ich es auf der Abbildung gesehen hatte. Dann spannte ich die Stechhilfe und drückte ab. Ein kleiner Bluttropfen erschien, ich hielt das Ohr in der linken Hand fest und griff mit der rechten Hand nach dem Messgerät. Setzte es an den Bluttropfen als würde ich ihn wegschieben und .... dann ... begann das Gerät mit dem Countdown der Messung 5...4...3...2...1... und es stand endlich eine Zahl auf dem Monitor. Ich war überglücklich das es endlich funktioniert hatte. Ein ganzes Gebirge fiel mir vom Herzen. Der Blutzuckerwert war wirklich ziemlich hoch, 368 mg/dl .

Ich hatte gelesen, dass der normale Blutzuckerspiegel bei Katzen zwischen 70 und 80 mg/dl liegt, da waren wir wohl ein wenig drüber...

Mit Helga war ich so verblieben, dass ich mich bei ihr melden würde, sobald ich mein erstes Messergebnis erhalten hatte. Beschwingt setzte ich mich an den PC und rief ihr Forum auf.

Ich schrieb ihr von meinem Erfolgserlebnis. Meiner ersten Euphorie wich nun die Gewissheit, dass ich erst auf halber Strecke angekommen war. Ich war so froh darüber, dass ich die Hürde mit dem Messen überwunden hatte und stand bereits vor der nächsten Herausforderung. Ich musste es mir einfach zutrauen, weil ich wusste, dass das Leben meines Katers davon abhing. Noch konnte ich mir nicht vorstellen, wie ich dahin kommen sollte, dass er mir gewähren würde ihm mit einer Spritze weh zu tun. Um mir den Einstieg zu erleichtern wollte ich noch einmal mit Helga telefonieren. Unter ihrer Anleitung holte ich das Insulin aus dem Kühlschrank. Da es nicht kalt verabreicht werden darf, sollte ich es in meiner Hand erwärmen oder die Spritze nach Möglichkeit eine Weile zuvor aufziehen. Nach diesen ersten aufeinanderfolgende Messungen gab mir Helga dem Blutzuckerwert entsprechend eine Empfehlung für die Einstiegsdosis. Morgens und abends sollte er jeweils für die nächsten drei Tage diese Dosis erhalten, natürlich unter engmaschiger Überwachung der Blutzuckerwerte aller zwei Stunden und präzise angepasster Futtermenge in kleinen Portionen.

Helga leitete mich besonnen und ruhig an, wie die Spritzen zu setzen sind und was es zu beachten gab.

Optimaler Weise sollte die Injektion im oberen Fellbereich der Schulterblätter erfolgen. Ganz genau beschrieb sie mir den Ablauf, theoretisch konnte ich mir alles ganz gut vorstellen. Blieb nur meine Überwindung, es wirklich zu tun. Helga machte mir geduldig ganz viel Mut und gab mir dringendst zu verstehen, dass Moritz das Insulin zum Überleben braucht. Vor allem sollte nicht noch mehr Zeit verstreichen, da es viele Katzen schaffen später wieder insulinfrei zu werden, in Remission (Insulinfreiheit) gehen. Es gab einige davon im Forum und ich hoffte natürlich wir könnten uns dieses Glück ebenso erhaschen.

Nach einem weiteren Telefonat mit Helga versuchte ich während ich Moritz streichelte, Trockenübungen zum Spritzen anzustellen. Ich zog das Fell zwischen seinen Schultern hoch, machte ein Fell-Zelt und schaute, wie ich vorgehen würde, wenn jetzt die Spritze angesetzt werden müsste. Die Insulindosis in der aufgezogenen Spritze war sehr gering, sodass ich mir vorstellen konnte, dass diese kleine Menge gut in einem kurzen Moment gespritzt werden könnte.

Diese Übung wiederholte ich immer wieder, wenn Moritz freiwillig zu mir kam, genau wie ich es zuvor an seinen Ohren in Vorbereitung auf die Messung des Blutzuckers tat.

Ich war unfassbar beeindruckt, wie schnell er sich an alles gewöhnte, vor allem wie viel Vertrauen Moritz mir gegenüber bewies, obwohl ich ihn so sehr traktierte. Ich war mir sicher, dass er ahnte ich könnte ihm helfen. Natürlich wünschte ich mir am meisten, dass er mir vertraut.

Die Spritze lag bereit. Ich nahm mir vor ruhig und entspannt vorzugehen. Auf keinen Fall wollte ich mir meine Nervosität in Moritz' Gegenwart anmerken lassen. Wusste ich doch, dass ich damit die Vertrauensbasis bestärkte, ihm Sicherheit schenkte und dies der Schlüssel zum Erfolg zu sein schien. Ich hatte das Futter noch etwas mehr verdünnt, um mehr Zeit zusätzlich für das Setzen der Spritze zu gewinnen. Die Messung des Blutzuckers klappte diesmal auf Anhieb, ich war total glücklich und lobhudelte meinen tapferen Vierbeiner. Er gab mir ein gutes Gefühl und Moritz machte so gut mit. Die aktuelle Messung

ergab einen Wert von 397 mg/dl. Nun war es wirklich höchste Zeit die
Werte in den Griff zu bekommen. Ich musste endlich ran an Piecks.
Mir war so unheimlich mulmig, ich musste mich sehr überwinden und
hatte natürlich große Angst Moritz weh zu tun. So verwandelte ich die
Trockenübungen in die Realität und startete meinen Angriff, nahm ich
das Fell zu einem „Zelt", setzte an und gab die Spritze ab. Moritz
stoppte, fauchte kurz in meine Richtung und drehte sich um, schaute
mich etwas verwirrt an als wolle er fragen: „Was war denn das? Was
machst du da?"
Er wirkte einfach kurz erschrocken, ich lobte ihn unter Liebkosungen
und streichelte ihn für seine Tapferkeit.
Ich hatte es wirklich geschafft! Moritz sah mich etwas verdutzt an, fraß
dann aber gleich weiter. Die erste Spritze war drin und konnte endlich
das tun, was sein Körper nicht mehr schaffte. Ich war unendlich glücklich und vor allem froh, dass ich meinen eigensinnigen Kater wirklich
dazu bekommen konnte, alles Notwendige zu ertragen. Unendlich
erleichtert ließ ich einen Jubelschrei los. Nun wusste ich gewiss, dass
wir eine Chance haben würden, er überleben kann, mit dem Diabetes.
Ich streichelte und lobte Moritz immer wieder, nahm ihn auf meine
Schulter und herzte ihn im Glücksrausch. Wir hatten an diesem Tag so
vieles gelernt und erste gemeinsame Erfahrungen gesammelt, die mir
helfen konnten Moritz das Leben zu retten. Er machte es mir leicht,
indem er so geduldig war.
An diesem Abend war ich lange außer mir vor Glück. Ich ging noch
einmal ins Forum und teilte meine Glücksgefühle mit. Es half mir sehr
mir dort alles Mögliche von der Seele schreiben zu können, meine
Ängste, meine Probleme und Sorgen. Ich fühlte mich dort aufgefangen, weil ich mit all meinen Umständen nicht mehr allein war. Ich
habe es tatsächlich nicht einmal erlebt, dass sich niemand im Forum
aufhielt, ich hatte immer Zugang zu jemandem. Und Helga war immer
ansprechbar.
Ich überwachte Moritz mit Messungen aller zwei Stunden und auch
das nächste Messen und Spritzen klappte ganz wunderbar. Moritz
hielt noch eine ganze Weile lang beim Spritzen kurz inne, fraß dann
aber auch ohne Fauchen schnell weiter. Es schien, als wäre es für ihn

absolut erträglich und er akzeptierte den unvermeidbaren Piecks. Er vertraute mir vollkommen und vielleicht spürte er auch, dass es ihm besser ging.

Zunächst war ich immer nervös wenn es an das Messen und Spritzen ging und musste mich jedes Mal überwinden. Vor allem hatte ich Bedenken, dass die Piekserei Moritz irgendwann über werden könnte und er sich eines Tages verweigert. Die Messungen und das Spritzen führte ich folglich als Ritual immer bei der Futtergabe auf dem Tisch durch.

Nach ein paar Tagen lief es schon routiniert und ich wurde täglich sicherer. Zur umfassenden Kontrolle der gemessenen Werte hatte ich eine Exel-Tabelle angelegt und trug dort das Futter, dessen Menge, die Insulindosis und seine Werte ein. So konnte ich einen umfassenden Blick auf unseren Ablauf erhalten, ebenso für den schnellen Überblick an meine Helfer im Katzenforum. Es war eine anstrengende Zeit, aber es sollte sich wirklich lohnen. Es drehte sich täglich alles um Moritz, doch es ging ihm täglich immer besser. Sein Körper erholte sich und ich möchte mutmaßen er genoss die besondere Aufmerksamkeit gern, wenngleich sich so vieles veränderte und Ungekanntes mit ihm angestellt wurde. So langsam wurde ich richtig gut und mit allen Umständen immer vertrauter.

An einem Morgen hatte ich gerade die Injektion gesetzt und Moritz hörte plötzlich auf zu fressen. Ich wusste, dass das Futter notwendig war, um die Wirkung des Insulins auszupendeln. Es war wichtig, dass er seine Portion fraß, so versuchte ich ihm das Futter immer wieder schmackhaft zu machen. Keine Chance, er wollte es partout nicht. Mir fiel ein, dass ich im Kühlschrank noch Leberwurst hatte, so mischte ich diese unter das Futter…und es funktionierte. Leberwurst war nun immer ein willkommenes Mitbringsel von Freunden und meiner Familie. Ich beschloss aufgrund dieses Erlebnisses folgend die Spritze immer erst dann zu setzen, wenn er sein Futter fast aufgefressen hatte.

Aus dem Katzenforum war mir bekannt, dass Katzen sich ab und zu übergeben und ihr Futter auswerfen. Problematisch kann es sein, wenn zuvor die Spritze mit dem Insulin gesetzt wurde und anschließend das Haus für einen längeren Zeitraum verlässt. Wenn die Katze gespritzt wurde, das Futter jedoch bedingt durch Übergeben nicht im Körper der Katze ankommt, kann Unterzuckerung drohen, da das Insulin auf jeden Fall wirkt. Eine stete Überwachung schien somit notwendig, eine Diabeteskatze längere Zeit allein zu lassen kann im ungünstigen Fall zu wirklichen Schwierigkeiten, zu einer Unterzuckerung führen.

So trommelte ich alle Bekannten und Freunde zusammen und lies mir helfen, wenigstens ab und zu nach ihm zu schauen, Futter bereit zu stellen und mich im Ernstfall kurz zu informieren. Ich hielt mit allen ein Breefing ab, indem ich alle Eventualitäten beschrieb und die Umstände versuchte verständlich darzubringen.

Um eine Unterzuckerung zu vermeiden, sollte immer Futter bereit stehen, doch das funktionierte jedoch nur bei ganz lieben Katzen, die auch irgendwann satt werden.

Mein Moritz hätte alles was im Angebot war, immer sofort eingeatmet, als gäbe es in seinem Bauch ein schwarzes Loch, worin das Futter verschwand.

Große Mengen an Futter würden die Wirkung des Insulins und ein aufgebautes Depot ausgehebelt und die Einstellung würde sehr kompliziert werden.

Freunde brachten mir gleich einen Futterautomaten aus Deutschland mit, eine geniale Erfindung, welche mich und meine lieben Helfer wirklich entlastete.

Zum Glück spritzten wir ein Langzeitinsulin, welches sanft und langsam über Stunden wirkte.

Später traf ich auf einige Katzenbesitzer, von denen ich erfuhr, dass sie ihre Lieblinge trotz der Therapie durch Probleme beim Einstellen verloren hatten.

Die meisten durch Unterzuckerungen bei Verwendung von Rapid-Insulinen.

Ein Rapidinsulin wirkt schnell und stark, im Gegensatz zu einem Langzeitinsulin. Soviel ich weiß, sind Tierärzte grundsätzlich angehalten Caninsulin zum Einstieg zu verwenden, welches ein Rapidinsulin ist.

Für den Notfall lag immer Jubin, als gelöster und konzentrierter Traubenzucker stets griffbereit, aber ich brauchte diese Tube nie.
Am dritten Tag fielen Moritz' Werte bei jeder Messung. Von da an purzelten die angezeigten Ziffern täglich auf dem Glukometer.
Am Anfang der darauffolgenden Woche überraschte mich aus heiterem Himmel ein Wert um die 20 mg/dl. Offensichtlich ging es Moritz trotz des niedrigen Wertes wirklich gut. Ich gab ihm gleich etwas Futter zur Sicherheit und überwachte ihn erst einmal mit einer Messung pro Stunde. Spätere Messergebnisse fielen seltsamer Weise später dann so hoch aus, dass ich mich sehr wunderte. An dem Futter konnte es nicht liegen. Ich rief Helga an, ihr war dieses Phänomen bereits bekannt, der Körper steuerte selbst gegen den niedrigen Wert. Sie gab mir Empfehlungen, da die Werte nur kurz vom Körper nach oben gepuscht wurden. Ich reduzierte die Insulindosis etwas, um nicht wieder soweit nach unten zu kommen. Am nächsten Tag waren wir wieder im Normbereich. Überwältigt war ich so manches Mal, wie komplex ein Körper funktioniert und was er alles kann.
Am nächsten Tag fielen die Werte wieder, Helga hatte Recht behalten. Nach ungefähr drei Wochen hatten wir nun endlich unsere Einstellung erreicht, die Werte blieben im Durchschnitt um 90 mg/dl stabil. Dann einige Wochen später geschah das, was viele als „Honeymoon" bzw. Remission (Insulinfreiheit) bezeichnen. Da die Zuckerwerte immer wieder fielen, reduzierte ich die Dosis irgendwann so sehr, dass ein Tröpfchen genügte. Dieses Tröpfchen gab es dann noch weitere fünf Tage. Mithilfe der Anweisungen starteten wir in den Honeymoon, ohne Insulin, obwohl Helga mich gleich darauf hingewiesen hatte, dass die Remission nicht bei allen stabil bleibt. Manche Katzen bleiben insulinfrei, andere fallen zurück, wenn es die Bauchspeicheldrüse allein nicht mehr schafft.
Unser Honeymoon hielt leider nur eine Woche, danach musste ich wieder tröpfchenweise hochdosieren, bis unsere stabilen Werte wieder erreicht waren.
Hatte ich doch anfangs wirklich große Sorge, ob ich alldem gewachsen wäre, so kann ichrückblickend sagen, dass es nie einfach gewesen ist, vor allem sich selbst zu überwinden die Therapie allein in die Hand zu

nehmen. Meine Tagesaufgabe bestand für die nächsten Jahre darin meinem Moritz alle zwölf Stunden zu spritzen, ihm 4-6 Mal in 24 h Futter zu geben und seine Blutzuckerwerte regelmäßig zu kontrollieren. Ein Marathonjob, den ich trotz aller Anstrengungen sehr gern für ihn erledigte.

Die geballte Unterstützung von Helga und ihrem Forum hat uns mit unseren Problemen so wunderbar aufgefangen, wofür ich heute noch jedem einzelnen von ganzem Herzen dankbar bin. Das Gefühl zu erleben, dass Menschen 5000 Kilometer weit entfernt und doch ganz nah bei dir sein können, gab mir besonders am Anfang ganz viel Halt und stete Hoffnung.

Moritz ging es blendend, ich konnte es wirklich kaum fassen, dass wir uns so viele gemeinsame Erfolge erarbeitet hatten.

Alle Mühen und auch das ständige Gefühlschaos hatten sich wirklich gelohnt, er konnte weiterleben, auch wenn sich all meine künftigen Tagesabläufe von nun an nach ihm richten mussten.

Eine der wichtigsten Grundlagen war die stabile Futtermenge in kleinen Portionen und vor allem hochwertiges Futter anzubieten. An den Blutzuckemesswerten konnte ich stets erkennen, welches Futter hochwertiger war und welches die Zuckerwerte feudal in die Höhe trieb.

Trockenfutter bekam Moritz nie, auch nicht, als er noch gesund war. Es gab sogar Trockenfutter speziell für Diabetiker. Ich habe es einmal ausprobiert, da es jemand in guter Absicht mitgebracht hatte. Die Blutzuckerwerte schnellten sofort hoch auf über 400 ml/dl, was mich also nicht wirklich überzeugen konnte. Gerade im Zuge der Diabeteserkrankung informierte ich mich noch einmal sehr umfangreich zum Thema Ernährung. Es erscheint einleuchtend, dass eine gesunde und artgerechte Ernährung bei der Katze genauso für die Gesunderhaltung notwendig ist, wie bei uns Menschen.

Mein Fazit „Finger weg von Trockenfutter", auch wenn die Katze gesund ist, denn sie soll es ja bleiben.

Wenn ich Pflegekatzen aufnahm, baten mich oft die Besitzer Trockenfutter zu geben, weil die Katzen angeblich nichts anderes fressen würden. Bei mir bekamen sie immer ein gutes Futter aus der Dose, frisches Fleisch, roh oder gekocht und auch Fisch.

Manchmal kochte ich Gemüse, tat auch etwas Leber oder Herzchen dazu. Die Katzen fraßen mein angebotenes Futter immer gern und vermissten das Trockenfutter gar nicht. Nicht zu unterschätzen sind künstliche Aromen und Lockstoffe, so kann etwas appetitlich schmecken, was gar nicht vollwertig und gesund ist. Ich hatte auch darüber nachgedacht meinen Kater selbst zu bekochen. Die Grundlagen an Proteinen standen ja in jedem Supermarkt zur Verfügung. Die gesunde Ernährung einer Katze geht jedoch weit darüber hinaus, eine mausähnliche Zusammensetzung muss es bestenfalls sein. Es geht dabei um Faserstoffe, welche sich z.B. im Hautgewebe der Maus befinden. Alles in Allem sehr komplex, weshalb ich mich schon allein aus zeitlichen Gründen für ein gutes Dosenfutter als Ernährungsbasis entschieden hatte. Wenn sich eine Katze in der freien Wildbahn ernährt, wählt sie die Nahrung nach ihren Bedürfnissen aus und jagen was ihr Körper braucht. Gerade Indoorkatzen sind leider auf das angewiesen, was der Dosenöffner bereit stellt. Natürlich ist hochwertiges Futter kostenintensiver. Fleisch kostet etwas mehr Geld als Tierabfälle, Zucker und Zusatzstoffe. Sicherlich kann man preiswertes Futter verabreichen, in der Hoffnung oder Ahnungslosigkeit es werde schon gut gehen. Theoretisch fehlt der Katze jedoch Zeit ihres Lebens notwendiges Eiweiß für einen gesunden Stoffwechsel. Zu meist fehlender Bewegung kommt die tägliche Verabreichung von diversen Zuckern, Karamellen und Sirup dazu, was der Katze natürlich schmeckt. Wie lange schafft es nun der Körper intakt zu funktionieren? Viele Katzenbesitzer berichten, dass wenn sie auf anderes Futter umsteigen die Katzen nicht fressen wollen. Natürlich, es fehlen ja die süßen Zusatzstoffe und die Katze hat vergessen, wie lecker Fleisch eigentlich schmeckt. Es ist furchtbar zu ertragen, wenn die Katze etwas nicht mag, aber es ist dann an uns Besitzern uns etwas einfallen zu lassen. Etwas Leberwust dazu war immer mein Schlüssel zum Erfolg. Es gibt Katzenfutterhersteller, die sich gerade in den letzten Jahren auf die natürliche Zusammensetzung des Katzenfutters spezialisiert haben. Das Angebot ist sehr vielfältig.

Die Tendenz der Diabeteserkrankungen steigt bei Menschen und Tieren, ein Zivilisationsproblem ausgelöst durch falsche Ernährung und Bewegungsmangel.

Tierliebe bedeutet Verantwortung, als Besitzer und Dosenöffner haben wir es in der Hand. Schaut auf die Rückseite Packungen beim Futterkauf und erkundigt euch. Eine Diabeteskatze verursacht wesentlich höhere Kosten, als eine artgerechte Ernährung ein Katzenleben lang. Schaut einfach mal nach, was Blutzuckermesstreifen kosten, um zu verstehen, was ich meine.

Noch immer stellt sich mir die Frage, warum die Herstellung von so schlechtem, minderwertigem und krank machendem Futter nicht verboten ist? Aber letztendlich bestimmt die Nachfrage und das Konsumverhalten das Angebot. Wenn ich heute im Supermarkt Katzenbesitzer treffe, die ihren Katzen zucker-und karamellversetztes Futter kaufen, spreche ich sie immer an. Weise darauf hin, was ihnen bevor stehen könnte und das es ganz bei ihnen selbst liegt, ob die Katze gesund bleibt.

Ich ernährte Moritz immer bewusst und abwechslungsreich, nur diese verdammte Schokolade hatte uns die gleichen Auswirkungen beschert.

Daher ist es mir sehr wichtig andere Tierhalter wenigstens darauf aufmerksam zu machen.

Es war fruchtbar nett und so hilfreich, dass es Leute gab, die nach Ägypten in den Urlaub flogen und uns kiloweise Katzenfutter mitbrachten.

Meistens musste ich improvisieren, fütterte Gemüse, Innereien, frisches Fleisch, fangfrischen Fisch und Hühnchen dazu. So erreichten wir immer eine ausgewogene Ernährung und stabile Werte des Blutzuckers.

Unser Leben mit dem Diabetes, den Spritzen und allem was fortan dazu gehörte war schon bald zur Routine geworden. Jeden Morgen 7.00 Uhr und abends 19.00 Uhr gab es die notwendigen Spritzen zu den Hauptmahlzeiten. Bei der Verabreichung der Futtermengen half mir bei Abwesenheit ein Futterautomat und ich fand Unterstützung bei lieben Menschen, die tagsüber immer zwischendurch nach ihm schauten, wenn ich den ganzen Tag mit dem Boot draußen auf dem Meer war. Moritz entwickelte sich entgegen meiner Befürchtungen zu einem wirklich dankbaren Patienten. Bei der Spritze hielt er immer noch kurz inne, aber er ließ alles so wunderbar mit sich machen. Er fühlte sich rundum wohl und ich wünschte mir so sehr, dass es lange so bleiben würde. Schwierig stand ich dem Gedanken gegenüber, wie es sein könnte, wenn ich abwesend sein wollte, wie z.B. irgendwo zu übernachten oder mal in den Urlaub fahren wollte. Aber ich war mir sicher, dass sich auch dafür Lösungen finden würden. Von mir ließ sich Moritz alles gefallen, nur bei anderen spielte er anfangs sehr gern den Obermacho. Er genoss es geradezu sich durch drohendes Fauchen fremde Leute erst einmal vom Hals zu halten und sich eindringlich Respekt zu verschaffen.

Glücklicherweise fanden wir auch in Ägypten einen guten Tierarzt, der uns fortan kompetent und wunderbar betreute, sich auch mit dem Thema Diabetes auskannte. Wenn wir weitere Unterstützung brauchten, gab es zum Glück Helga und ihr hilfreiches Forum. Normale Untersuchungen waren bis auf die höheren Werte durch seine Aufregung ganz gut zu handhaben, bei Narkosen mussten wir zur Insulindosis immer genaue Absprachen treffen. Der Tierarzt mochte Moritz sehr, weil er seiner Aussage nach eine Charakterkatze war. Er musste sich sein Vertrauen erkämpfen, aber durch seine besonnene Geduld schien Moritz zu begreifen, dass er die Dinge mit ihm nun mal tun muss. Es gab manchmal sehr besondere Momente zwischen den beiden Herren. Wenn wir den Tierarzt besuchten, waren die Blutzuckerwerte schnell bei über 300 mg/dl, stabilisierten sich dann aber meist am nächsten Tag, ohne das wir an der Dosis schrauben mussten. Moritz und ich entdeckten stets neue Reaktionen seines Körpers und lernten so vieles durch die gestellten Herausforderungen.

Eines Tages startete ich den Versuch, eine Woche nach Deutschland zu reisen und mir gleich einen Katzensitter zuzulegen. Durch Bekannte hatte ich eine liebe Frau kennengelernt. Christel arbeitete ehrenamtlich ab und an beim Tierarzt, hatte selbst einen kleinen Zoo an einst armen Kreaturen gesammelt und traute sich wirklich zu, meinen Moritz zu versorgen. Christel hatte das Herz am rechten Fleck und war eine Tiernärrin, die sich um alles kümmerte, was Hilfe benötigte. Sie kam auf ein Katzencasting vorbei und wollte sich jetzt öfter einmal sehen lassen, um sich mit meinem kleinen Patienten anzufreunden. Christel lebte für Tiere und ich war über unsere Begegnung sehr glücklich, sie war lustig, erfrischend lebensfroh und sehr zuverlässig.

Da auch sie ab und an verreiste, sagte ich ihr zu, auch ihren kleinen Zoo zu versorgen, wenn sie Urlaub machen wollte. Es entwickelte sich bald eine schöne Freundschaft zwischen uns dreien. Moritz schmuste bei jedem Besuch mit ihr und ich bekam ein sehr gutes Gefühl für seine Versorgung während meines Kurztrips. Ich denke, dass Moritz sie so gut leiden konnte, weil sie natürlich sehr lieb zu ihm war, aber auch immer viele schöne fremde Gerüche von Katzen und Hunden mitbrachte, die ihn neugierig stimmten. So starteten wir den Versuch, dass die Versorgungsrunde von Moritz eines Abends von ihr übernommen wurde.

Christel war vollkommen begeistert, dass sie kaum die Decke auf den Tisch gelegt hatte, Moritz auch schon hoch sprang, weil er wusste dass er jetzt an der Reihe war. Er bemerkte sofort den anderen Griff beim Messen, ließ aber alles geschehen, schließlich wollte er gern weiter futtern.

Dann kam die Spritze dran, alles prima, ich war völlig erstaunt. Besser als ich erahnte, ich jubelte vor Glück und lobte meinen schwarzen Schmusetiger und Christel. Sie hatte überhaupt keine Berührungsängste. Sicher hatte sie beim Tierarzt schon ganz andere Sachen erlebt. Diese Probe wiederholten wir noch einmal einige Tage später, wieder traumhafter Verlauf.

Nun konnte ich meinen Flug ohne schlechtes Gewissen buchen und plante alle Vorbereitungen. Ich zog die Spritzen auf und legte sie für die Zeit meiner Abwesenheit bereit.

Mein erster Flug ging nach Kairo, von dort aus weiter nach Berlin Tegel.

Am Tag meiner Abreise war ich sehr nervös, erzählte meiner Katzenfreundin alles Mögliche, was ich meinte zuvor vielleicht vergessen zu
haben. Ich sprach mit meinem Moritz, er möge sich brav und lieb verhalten. Mit Christel ging ich alle Schritte und Eventualitäten noch einmal durch und es schien alles gut vorbereitet zu sein.
Also startete ich und nahm ein beruhigendes Gefühl mit auf die Reise.
In Kairo angekommen wusste ich, das bei Moritz Messen und spritzen
auf dem Plan stand. Ich drückte vor allem meiner liebenswerten Katzensitterin die Daumen und wartete auf ihren Anruf. Eine Minute nach
19 Uhr meldete sie sich und berichtete, dass Moritz sich ziemlich zickig
verhält und keine Messung und ähnliches zulassen würde.
Sie war etwas verzweifelt.
Auf dem Weg hatte Christel ihre Hunde mitgenommen, um später mit
ihnen Gassi zu gehen. Brav warteten die beiden im Auto. Ich empfahl
ihr Moritz unverrichteter Dinge und ohne Futter zu verlassen. Mit Sicherheit würde ihr Abzug meinen Kater verunsichern, schließlich wusste er ja nicht, dass sie zurück kommen würde. Christel würde sich erst
einmal um ihre Hundetour kümmern und zu einem späteren Zeitpunkt
zu Moritz zurück kommen. Für das spätere Betreten der Wohnung gab
ich ihr besondere Anweisungen. Ich hatte sie darum gebeten, so zu
tun als sei Moritz gar nicht anwesend. Die aufgesetzte Ignoranz würde
ihm gar nicht gefallen, weil er es gewöhnt war, immer die volle Aufmerksamkeit zu bekommen. Ich spielte die Situation, gedanklich
durch. Mein Moritz schleicht Christel um die Beine, jammert und bet-
telt unaufhörlich. Wenn sie darauf nicht reagierte, würde er verunsichert sein, ob wirklich noch Futter für ihn abfällt. Da sie zuvor bereits
schon einmal gegangen war, würde seine Unsicherheit ihn dieses Mal
bestimmt gefügig machen. Verstärken sollte sie ihr Verhalten, indem
sie so tun müsste, als würde sie gleich wieder gehen wollen. Im aller-
letzten Moment an der Tür riet ich ihr sich umzudrehen als hätte sie
ihn gerade erst entdeckt. Ich war sicher, dass es nur so klappen könnte. Christel war meinem Plan gegenüber skeptisch gestimmt, wollte
aber gern alles versuchen. Gespannt wartete ich auf ihren Rückruf und
hoffte auf gutes Gelingen.

Noch bevor ich in den nächsten Flieger stieg, kam der ersehnte Anruf. Meine ausgetüftelte Strategie hatte wirklich funktioniert, Messung super, die Spritze saß. Wir beide waren erleichtert und gelöst.

Christel stellte den Futterautomaten auf und würde später noch einmal vorbei schauen. Beruhigt startete ich mit dem nächsten Flieger. Wir telefonierten täglich und zum Glück ab es keine weiteren Probleme. Ich blieb stets erreichbar, aber dank Christels Geduld und Unterstützung lief die Versorgung meines Katers reibungslos. Nach einer Woche kehrte ich glücklich zurück und wurde ganz erfreut begrüßt. Gleich nahm ich beim Betreten der Wohnung meinen kleinen Patienten auf den Arm, liebkoste ihn voller Lob. Christel und Moritz hatten wirklich toll harmoniert.

Bei unserer Katzenfreundin bedankte ich mich von ganzem Herzen und versüßte ihr den Tag mit einigen tollen Mitbringseln aus der Heimat.

Christel wurde ein guter Fels in der Brandung und ihre herzliche Art war ein Geschenk des Himmels.

Als sie kurze Zeit später selbst in den Urlaub flog, versorgte ich ihren Mini-Zoo und revanchierte mich sehr gern.

Noch heute bin ich Christel unendlich dankbar, immer einsatzbereit und da, wenn wir sie brauchten. Wir erlebten viel gemeinsam, meist natürlich wegen unserer Fellnasen.

Moritz' Diabetes und alles was zur Behandlung dazu gehörte, wurde für uns Alltag. Alles gehörte fortan zum Leben dazu. Wenn ich mich unsicher fühlte, gab es das Forum oder Helgas Telefonnummer wurde gewählt. Ich wuchs mit meinen Aufgaben und Moritz machte es mir leicht. Krank wirkte er gar nicht, er war ganz der Alte. Manchmal gab es schwierige Situationen, welche es zu lösen gab, besonders wenn Moritz Zahnweh oder Entzündungen hatte.

Dann wirbelten sich unsere hart erkämpften Einstellungen wieder durcheinander und mussten später wieder aufgebaut werden.

Irgendwann kamen wir um eine Zahnsanierung nicht mehr herum. Anhaltende Entzündungen machten uns zu schaffen, also wurde ein Termin vereinbart.

Alle guten Zähne durften bleiben, alle hinfälligen, wurden entfernt. Nach einigen Tagen guter Pflege waren die Spuren der Operation verheilt. Der Diabetes hat die Heilung zum Glück nicht negativ beeinflusst. Die Blutzuckerwerte normalisierten sich wieder und mein Moritz tollte wie wild herum.

Aus dem Forum kannte ich Probleme mit Ketonen. Wir haben auch diese stets gemessen, aber uns hatte es zum Glück nie erwischt.

Moritz stand natürlich mehr im Vordergrund als vor der Krankheit, wir waren noch dichter aneinander gerückt und natürlich auch viel intensiver miteinander verbunden. Er hatte eine fantastische innere Uhr. Punkt 7.00 Uhr wurde ich jeden Morgen aus dem Bett getrommelt, ich brauchte keinen Wecker mehr.

Irgendwann gewöhnte er sich Seltsames mit seinem Spielzeug an. Ich fand es seltsam, dass er seine Fellmäuse aus allen Ecken zusammen sammelte und in seinen Napf legte.

Jeden Morgen fand ich diese Situation vor. Leider konnte ich nicht herausfinden, ob er dieses Spiel nur zu seinem Spaß betrieb oder mir damit irgendetwas sagen wollte.

Viele Erinnerungen dieser Zeit sind bis heute gedanklich so greifbar, als wäre es gestern gewesen. Nun konnten wir die restliche Zeit unseres Auslandaufenthaltes entspannt genießen, wir hatten die Situation bestens im Griff. Wenn Familienangehörige und Freunde uns besuchten waren sie erstaunt, wie gut wir unsere Umstände auch unter den schwierigen Bedingungen meisterten.

Einige Weile später war unsere Rückreise nach Deutschland in unser
Zuhause geplant. Ich bereitete mich lange, gut und mit viel Unterstützung darauf vor. Moritz hatte natürlich erst kurz vor Abflug davon
erfahren, als ich ihn in die Reisebox brachte.

Hätte er sie zuvor gesehen, mit Sicherheit hätte er sich unauffindbar
versteckt. Um ihn abzulenken, legte ich ein kleines Handtuch über den
Kopf, schnappte ihn und schob ihn in die Box. Bevor er realisierte wo
er war, ging die Tür schon zu. Ich war erleichtert, wusste ich ja im Vorfeld nicht, ob es so gut klappen würde, wie geplant.

Alles war bestens vorbereitet, der Flug ging Nonstop und durch recht
gutes Vitamin B bei Condor konnten wir am Flughafen Last Minute
einchecken, um die Wartezeit bis zum Abflug zu verkürzen.

An dieser Stelle noch einmal einen ganz herzlichen Dank an Andrea,
für die aufgebrachte Unterstützung bezüglich meiner Katze und meines ganzen Gepäcks.

Der Flug ging entspannt am Nachmittag, den Tag bis zur Abreise verbrachte ich mit Stina, meiner Freundin. Wir lebten in ihrer Wohnung,
sie gleich nebenan. Auch Stina hatte sich hinreißend um meinen kleinen Schatz gekümmert, wenn ich sie brauchte. Messen, Spritzen alles
kein Problem, auch sie hatte einen kleinen Hunde-und Katzenzoo. Der
Abschied von ihr fiel mir wirklich sehr schwer, wir hatten so viele
schöne Momente zusammen verbracht. Wir saßen lange zusammen

und schwelgten gedanklich in den gemeinsam erlebten Situationen, lachten und ließen einige unserer schönsten Erlebnisse Revue passieren, obwohl uns die Wehmut des Abschieds immer wieder fest umklammerte.

Als ich ins Taxi stieg und mich endgültig von Stina und ihren Fellis verabschiedete, fiel es mir schwer sie zurück zu lassen, denn das nächste Wiedersehen würde eine Weile dauern.

Im Taxi fing Moritz natürlich wieder an zu jammern.

Ich wünschte mir, dass er hoffentlich auch diesen Flug gut überstehen würde.

Als wir mit dem Flieger abhoben, war ich voller Vorfreude auf eine gute Ankunft. Alles verlief reibungslos, wir erreichten den Heimatflughafen pünktlich und augenscheinlich unbeschadet. Beim Ausstieg checkte ich Moritz' Zustand, alles war bestens. Zuhause angekommen, durfte er endlich aus der Box. Ich war gespannt, in welcher Verfassung er sein würde und hoffte, dass er die Strapazen gut verkraftet hatte. Erst einmal ging er zielsicher auf sein Katzenklo, danach spazierte er umher, als wäre er nie woanders gewesen. Wie selbstverständlich zog er seine Runden und bettelte auch gleich um Futter. Meine Messungen ergaben natürlich ziemlich hohe Werte, bedingt durch die Aufregung im Zusammenhang mit dem Flug. Als er zufrieden seinen Couchplatz einnahm, fiel die ganze Anspannung von mir ab. Müde ließ ich mich auf der Couch nieder, kraulte Moritz und gemeinsam ruhten wir uns kuschelnd aus.

Einige Tage später vereinbarte einen Termin, in einer empfohlenen Tierklinik und dort fanden wir eine sehr gute Tierärztin. Zuvor hatte ich Bange, dass Moritz sich wieder daneben benehmen würde, aber es kam alles anders. Ich nahm ihn aus der Tasche, nun saß er auf dem blanken Stahltisch.

Diese Tierärztin betrat den Raum und befragte mich zuerst zu meinen Anliegen und Umständen. Da sie nicht gleich auf Moritz zusteuerte wirkte er etwas unsicher, denn er hatte sich schon zur Verteidigung startklar gemacht. Nun erzählte ich ihr unsere Geschichte und überreichte ihr meine ausgedruckten Einstellungs- und Überwachungstabellen. Sie sah sich die Tabellen genau an und sah Moritz an, dann wieder mich und wieder auf die Tabellen. Sie war von unserem Zusammenspiel und dem Umgang mit dem Diabetes beeindruckt und teilte uns mit, dass sie selten diese Sorgfalt im Umgang mit Diabeteskatzen gesehen hat. Dann fragte sie mich nach dem Insulin und wie ich es erhalten hatte. Ich konnte es in Ägypten frei kaufen und hatte mich gut eingedeckt. Die Tierärztin schien verwundert, vor allem aber über den guten Zustand von Moritz. Es war ihr nicht bekannt, dass Katzen mit Lantus gespritzt werden, sondern mit speziell für Tiere entwickelten Insulinen. Ich teilte ihr mit, dass uns inzwischen zwei Messungen des Blutzuckers morgens und abends reichten. Nur wenn die Werte unregelmäßig wurden, ging ich bis zur Stabilisierung dazu über, engmaschig zu überwachen. Sie war über die stabilen Werte erstaunt, wirkte auf mich überrascht und beeindruckt zugleich. Dann stellte sie mir unzählige Fragen und war ganz neugierig auf meine Erlebnisse, vor allem aber über die Community im Internet, der wir alles zu verdanken hatten.

Sie erzählte mir, dass die Einstellung mit Caninsulin oft sehr schwierig ist und fragte mich, ob sie unsere akribisch geführten Tabellen behalten dürfte. Natürlich überließ ich ihr diese sehr gern. Moritz saß mit deutlich fragendem Gesicht auf dem Untersuchungstisch, ihm wurde während meiner Unterhaltung mit der Tierärztin fast schon langweilig. Ich teilte der Tierärztin mit, dass mein Patient zum Tiger werden könnte, ich wollte die wirklich nette Frau vorwarnen. Sie lachte und sprach ihn direkt an, berührte ihn aber nicht. Erzählte ihm was sie vor hatte und lenkte ihn ganz geschickt ab. Von hinten griff sie ihm in den Nacken und hielt ihn bestimmt fest. Sie gab ihm unmissverständlich zu verstehen, dass sie die Hosen an hatte, aber auf eine sehr nette Art. Ich war beeindruckt.

Er duckte sich und ließ sich dann wunderbar untersuchen, als hätte er nie zuvor schlechte Erfahrungen mit einem Tierarzt gemacht. Selbst Blut abnehmen klappte reibungslos. Drei Hilfen gingen ihr eingespielt zur Hand, die Griffe saßen, alles war ganz ruhig und unproblematisch. Ich war verblüfft. Die Tierärztin war wirklich kompetent und verstand es wunderbar mit meinem Wildfang umzugehen. Sie veranstaltete mehrere Tests mit Moritz, zu Sehfähigkeit, Gehör und anderem, wir schnitten bei allen gut ab. Nach diesem angenehmen Tierarzt-Erlebnis kehrten wir glücklich nach Hause zurück, wartend auf die Auswertung der Blutwerte. Als der Anruf der Tierärztin kam, war ich so gespannt und hoffte, dass uns keine schlechten Nachrichten erreichen würden. Alle Blutwerte waren gut, der Langzeitinsulinspiegel auf einem guten Niveau. Die Nierenwerte waren zwar nicht die eines Jungtieres, aber dennoch den Umständen entsprechend okay.

Erleichtert ging das Gespräch zu Ende. Die Tierärztin bedankte sich für die überlassenen Tabellen und teilte mir mit, dass sie unser Insulin auch gern bei ihren Problempatienten versuchen möchte.

Wir lebten uns schnell wieder ein und ich versuchte den Alltag mit Moritz' Zeiten für Futter und Spritzen bestmöglich zu stemmen. Alles funktionierte, gerade auch weil ich wieder tatkräftige menschliche Hilfe und Unterstützung erfuhr.

Moritz nutzte sehr gern die lang geschnittene Wohnung zum Fußballspielen. Ich hatte öfter kleine Kugeln aus Alupapier geformt, welche er sehr gern mit langen Flanken umher schoss. Wenn man in sein Spiel einstieg, schoss er den Ball gezielt in Richtung Gegenspieler wieder zurück.

Mit Begeisterung spielte er mit meinem Freund Fußball und fing irgendwann damit an die Alukugeln zu suchen, mit dem Mund aufzunehmen und als Spielaufforderung vor die Füße zu legen. Er apportierte diese Kügelchen. Für die körperliche Bewegung war seine heitere Spiellaune ein Segen. Mit fortschreitendem Alter wurde er zwar gemütlicher, die Ausdauer ließ etwas nach, aber sein Spieltrieb und seine Neugier waren unerschütterlich wie in seiner Jugend.

Moritz ging es hervorragend, alles lief eine lange Zeit hinweg bestens. Im Katzenforum war ich immer seltener, ab und zu telefonierte ich mit Helga. So erfuhr ich eines Tages, dass ihr Kater Clyde nach langen Jahren mit Diabetes, nun über die Regenbogenbrücke gegangen war. Ich fühlte mit ihr, wusste ich doch ganz gewiss, dass es mich irgendwann auch treffen würde. Ich fand einfach überwältigend, dass diese Katzenbesitzerin nach der Diagnose Diabetes bei Clyde ein umfassendes und kompaktes Internetportal aus dem Boden gestampft hatte. Sie half so vielen Menschen und Tieren, zu jeder Tages-und Nachtzeit und verfügte über ein großes Spektrum an Erfahrungen. Ich empfand ihr gegenüber eine so tiefe Dankbarkeit.

Unsere Nachbarin hatte auch eine Katze, wir lernten uns eines Tages näher kennen.
Ich erzählte ihr von unseren Umständen und Erlebnissen, Sie bot mir gern ihre Unterstützung an, was ich ausgesprochen nett fand.
Ihrer Courage und Hilfe habe ich zu verdanken, dass ich ab und zu ein paar Tage wegfahren konnte, in der Gewissheit sie kümmerte sich rührend um Moritz. Ich lernte ihr ihn zu messen und zu spritzten, die beiden kamen gut zurecht.
War die Nachbarin unterwegs, kümmerte ich mich natürlich auch um ihren Kater, der auf den Namen Taylor hörte und ein fuchsiger, großer hübscher und gemütlicher Tiger war.

Ich war mit allen Umständen und natürlich auch mit Moritz sehr zufrieden. Seine Krankheit mit allem was dazu gehörte war routinierter Bestandteil unseres gemeinsamen Lebens geworden.
Am Anfang unserer Diagnose hatte ich so wenig Hoffnung, doch wir beide und unser Umfeld wuchsen an den Anforderungen.
Es vergingen einige Jahre ohne bemerkenswerte Probleme oder Zwischenfälle. All unsere Abläufe waren eingespielt und funktionierten wunderbar. Wenn ich nur den Reisverschluss seiner kleinen Tasche für das Diabeteszubehör bediente, stand Moritz blitzschnell neben mir.
Viele Freunde konnten gar nicht glauben, was ich da mit meinem Kater veranstaltete. Wenn sie jedoch einmal bei der Versorgung des Katers waren, wurde ihnen schnell bewusst, dass es für Moritz weder Strapaze, noch Anstrengung war. Die Abläufe gehörten für ihn ganz einfach zum Leben dazu. Ganz freiwillig kam er immer zu seiner regulären Zeit morgens und abends 7.00 Uhr zu mir. Wenn ich den Reißverschluss der Utensilientasche öffnete stand Moritz schon parat zu meinen Füßen. Als alles vorbereitet war, die Decke auf dem Tisch lag, stieg

Moritz über den Stuhl auf den Tisch und hockte sich bereit und wartend auf die Prozedur nieder.

Mit der Zeit taten sich irgendwann immer wieder kleine Baustellen auf, natürlich bedingt durch Moritz' voranschreitendes Alter.
Eines Tages wollte Moritz nicht fressen, er verweigerte sogar die über alle Massen geliebte Leberwurst. Ich beobachtete ihn und befand ihn als etwas phlegmatisch.
Am übernächsten Tag fasste ich den Entschluss mit ihm zum Tierarzt zu gehen. Als wir dort ankamen, empfing uns wieder die nette Tierärztin und kümmerte sich rührend um uns. Durch den optischen Felleindruck und nach einem Schnelltest stand fest, die Nieren machten Probleme. Wir ließen ein umfassendes Blutbild erstellen, um die anderen Werte ebenfalls zu kontrollieren und genaue Nierenwerte zu erhalten. Moritz erhielt eine Infusion mit Kochsalzlösung .Die Tierärztin beruhigte mich und meinte, es würde ihm am nächsten Tag viel besser gehen und auch das Futter sollte wieder schmecken. Gleichzeitig legte sie mir ans Herz ich sollte noch einmal in 3-4 Tagen für eine gleiche Infusion vorbei schauen. Sie behielt Recht. Moritz blühte umgehend wieder auf. Als wir ein weiteres Mal beim Tierarzt erschienen, riet mir die Tierärztin für sein allgemeines Wohlbefinden und zur besseren Nierenfunktion den Kater wöchentlich vorbei zu bringen. Da Autofahren für Moritz stets Stress bedeutete, war das keine gute Idee für unsere Werte, vor allem aber war es schwierig mit meinem Berufsleben zu vereinbaren.
So fragte ich nach Alternativen. Sie antwortete, dass es Menschen gibt, die diese Infusionen zu Hause selbst verabreichen, das wäre machbar. Ich hatte davon im Forum schon gelesen, die Vorstellung hielt ich jedoch für ziemlich abstrakt. Jetzt schien es, als gäbe es wieder kein Entkommen für mich, entweder ich nahm diese Therapie zuhause vor oder die Nieren würden immer schlechter arbeiten.
Die Infusionen wirkten wie eine Dialyse. Ich ließ mich umfassend von ihr anweisen und bestellte mir alles Zubehör nach meiner Heimkehr in einer Internetapotheke. Auch Helga rief ich an, sie sprach mit Mut und Zuversicht zu.

Ich sollte ihn ein bis zweimal pro Woche infundieren.

Nun nahm ich mir vor auch diese neue Aufgabe wenigstens zu versuchen.

Ich weiß, dass mich viele Menschen für verrückt erklärten, aber ich wollte immer nur, dass es meinem kleinen Tiger gut geht. Ich fühlte mich für Moritz und sein Wohl verantwortlich. Hatte immer das Bestreben sein Leben lebenswert und angenehm gestalten.

Ich grübelte, wie ich ihn für die fünf Minuten während der Infusion ruhig stellen könnte. Wie bereits damals am Anfang des Messens und Spritzens wollte ich es spielend in Verbindung mit Futter versuchen.

Das Futter war natürlich auch wieder ein Thema. Würde ich nun spezielles Nierenfutter verwenden, würden die Zuckerwerte ansteigen, da Nierenfutter weniger aus Eiweiß und mehr aus Kohlenhydraten besteht. Würde ich zu viel Eiweiß füttern, wäre es schlechter für die Nieren. Neue Probleme kamen auf uns zu. Da ich nicht beides optimal bedienen konnte, entschied ich mich weiterhin das zu füttern, was ihm schmeckte und hochwertig war.

Am übernächsten Tag war das Paket von der Online-Apotheke angekommen. Ich packte alles aus und machte mich mit den Einzelheiten vertraut. Dann suchte ich einen Platz, an dem das neue Ritual nun stattfinden sollte. Ich wählte das Wohnzimmerregal, es war aus Holz und ich konnte den Aufhänger für die Infusion gut befestigen. Im Forum las ich noch einmal nach und wollte am Abend den ersten Versuch starten. Mein Freund sollte mir helfen, bzw. assistieren.

So kochte ich Hühnchenbrust und schnitt sie in kleine Teile, als treffsichere Bestechung während der Infusion. Ich war sehr aufgeregt, versuchte mich aber ruhig zu halten, weil ich wusste, dass sich meine Nervosität immer auch auf Moritz übertrug.

Die Katzentankstelle war startklar. Moritz saß immer gern auf meinem Schoß und so hatte ich einen guten Plan, der funktionieren konnte.

Ich hatte mir überlegt, dass es gut klappen müsste, wenn ich mich unter der hängenden Infusionsflasche mit einem Stuhl positionieren würde. Mein Panther würde auf meinem Schoß sitzen und ich lege den Zugang. Um ihn zu belohnen und ruhig zu halten, könnte ich ihm die

Hühnchenhappen reichen, welche griffbereit im Regal neben uns stehen würden.

So hatte ich es mir vorgenommen und starteten am Abend den ersten Versuch. Überwinden musste ich mich natürlich sehr, die Butterfly-Nadel unter seine Haut zu schieben. Es war ganz anders als beim Spritzen, die Nadel war klein. Ich wollte ihm keinesfalls wehtun und ging ganz vorsichtig vor. Als ich einstach rückte er den Kopf zu mir und war im nächsten Moment vom Geruch des Hühnchens gleich wieder abgelenkt. Die Nadel saß und ich stellte den Infusionslauf an. Ich hielt die Hautstelle mit der Nadel etwas nach oben, sodass sie nicht heraus rutschen konnte.

Die Kochsalzlösung lief und verschwand mit Leichtigkeit in Moritz. Er war erstaunlich ruhig. Seine Geduld lohnte sich, denn immer etwas verzögernd gab ich ihm nach und nach von dem Hühnchen. Mein Freund half mir dabei und streichelte ihn lobhudelnd. Moritz hatte im Laufe unserer gemeinsamen Jahre und Erlebnisse genug Vertrauen zu mir gewonnen. Ich hatte die Hühnchenwürfel abgewogen und konnte seine restliche Futtermenge gut anpassen.

Die Infusion lief ca. fünf Minuten. An Seiner Bauchseite bildete sich eine kleine Beule, wie auch beim Tierarzt. Innerhalb einer Stunde war sie wieder verschwunden, sein Körper hatte sie aufgenommen. Moritz hatte alles traumhaft mit sich machen lassen. Nach vier Tagen ging es wieder daran eine Infusion zu geben. Alles lief genauso gut, wie beim ersten Mal, er versuchte nur das Tempo der begehrten Snacks zu beschleunigen.

Was war ich glücklich und zufrieden, dass wir auch diese Therapie und Aufgabe erfolgreich in unsere Lebensumstände einbauen konnten.

Und war natürlich unendlich stolz auf meinen kleinen schwarzen Tiger. Er kam mit allem so großartig zurecht, mein Moritz.

Nachdem wir auch beim Infundieren Routine bekommen hatten, wurde es ganz einfach.

Wenn ich den Stuhl vor das Regal stellte, saß er sofort als erster darauf. Wenn ich mich näherte sprang er herunter und nachdem ich mich gesetzt hatte, saß er gleich wieder auf meinen Schoß.

Obwohl er wusste, dass ich gleich pieken würde, nahm er selbstverständlich Platz und wartete auf die Prozedur. Natürlich wegen dem Hühnchen, aber es überwältigte mich mit welcher Selbstverständlichkeit er das neue Ritual akzeptierte. Mit welcher Hinnahme er diese Notwendigkeit akzeptierte, beeindruckte mich unglaublich. Im Vorfeld hätte ich nie geglaubt, dass er es mir so einfach machen würde. Ganz stolz tappte er nach der Infusion durch die Wohnung und war von sich selbst beeindruckt, ein so feines Kätzchen zu sein...

Moritz saß immer mit am Frühstückstisch, gegenüber von meinem Stuhl. Wenn einmal Besucher zum Frühstück kamen, dann besetzten sie natürlich „seinen" Stuhl. So musste ich zur Zufriedenheit meines Katers immer noch einen zusätzlichen Stuhl für ihn in die Nähe stellen, weil er ansonsten meckernd um den Tisch lief und sich unaufhörlich beklagte. Moritz fühlte sich immer als vollwertiges und natürlich absolut gleichberechtigtes Familienmitglied.

Wir sollten 2011 noch einmal umziehen. Die ganzen Kartons fand Moritz klasse. Wenn sie aufgestellt waren, saß er sofort drin. Als dann endlich alles gepackt war, hatte ich den Küchentisch und die Stühle bereits abgegeben, sodass die Kartons mit einer Spanplatte als Tisch dienten und die Balkonstühle für die letzten Mahlzeiten daran Platz fanden. Am Morgen hatte ich Frühstück vorbereitet, mein Freund und ich setzten uns an den provisorischen Tisch.
Dann kam Moritz um die Ecke, stoppte kurz und beklagte sich lautstark darüber, dass er keinen Platz für sich fand. Ich stellte ihm einen Umzugskarton auf, sogleich sprang er hoch und nahm ganz selbstverständlich seine gewohnte Position ein.
Er war einfach unglaublich, dieser Kater.

Für Moritz hatte ich während der sechsstündigen Fahrt eine angenehme Möglichkeit zu reisen gebastelt.

An seiner Toilette war eine Klappe. So schnitt ich einen großen Umzugskarton so zurecht, dass Moritz über die Klappe in die Toilette hinein und heraus kam. Die Konstruktion passte genau auf den Rücksitz und sollte ihm ermöglichen die Toilette aufzusuchen, wenn sich seine Blase meldete. Er ging öfter zur Toilette, als in seiner Jugend, so wusste ich, dass es schwierig werden könnte die ganze Fahrt über durchzuhalten.

Wir brachten auch diesen Umzug gut hinter uns und Moritz fühlte sich in der neuen Umgebung auf Anhieb pudelwohl. Ich glaube heute, dass Moritz Veränderungen und Abenteuer liebte und durch seine Neugier immer Freude daran hatte, Neues zu entdecken. Nun gab es sogar einen Garten, das war für ihn paradiesisch.

Das Regal mit der Katzentankstelle stand in der neuen Wohnung ganz anders, sodass ich statt des Stuhls eine andere Lösung brauchte. Ich entschied mich für das Bügelbrett. Es war eine gute Entscheidung, wegen der praktischen Höhe.
Moritz musste sich an die neue Position zwar erst gewöhnen, aber nach ein paar Infusionen hatte er sich auch damit gut arrangiert.

Er liebte die perfekte Großzügigkeit des Hauses, den schönen Garten und fand viele verschiedene neue Plätzchen zum Wohlfühlen.
Mein Kater war immer noch so lebensfroh und das schon so viele Jahre nach unserer schwierigen Diagnose. Für mich war es jeden Tag wundervoll anzusehen, dass sich alle Anstrengungen und Strapazen dafür lohnten, dass er sich wohl fühlte.
Wieder lebten wir uns im neuen Zuhause gemütlich ein und ich durfte mit Moritz noch zwei weitere wunderschöne, Jahre verbringen.
Wir genossen ein wunderschönes Zusammenleben mit den üblichen, täglichen Ritualen. Auf der Terrasse, liegend im Gartenstuhl in der Sonne fühlte sich Moritz rundum wohl und konnte den Garten nach Lust und Laune durchschnüffeln.

Als wir anfangs mit dem Problem Diabetes konfrontiert wurden, hätte ich niemals für möglich gehalten, dass wir es viele Jahre lang schaffen sein Leben zu erhalten, vor allem so wundervoll lebenswert.
Häufig hatte ich Zweifel das Richtige zu tun. Doch Moritz und seine Lebenslust waren meine größte Belohnung für alle aufgenommenen Anstrengungen. Unsere Verbundenheit und das Vertrauen zueinander hat uns so viel ermöglicht, uns Brücken überqueren lassen, die wir uns selbst zusammen bauen mussten.

In dem Bewusstsein, dass es täglich geschehen könnte, dass sein kleiner Körper irgendwann das zeitliche segnen wird, habe ich versucht, jeden Tag zu genießen und bereit zu sein, Moritz gehen zu lassen, wenn er es so wollte.

Bei jedem Problem blieb doch immer die Hoffnung die Problematik mithilfe des Arztes und der Pharmazie wieder in den Griff zu bekommen.

Eines Morgens war Moritz etwas unbeweglich, fraß schlecht und legte sich irgendwann in seltsamer Haltung auf die Bodenfliesen, streckte seine Beine aus und genoss anscheinend die Kälte des Bodens. Ich beobachtete ihn und hatte ein schleichen erschreckendes, seltsames Gefühl. Sein Futter rührte er nicht an, wirkte abwesend. Die letzte Infusion war gerade zwei Tage her. Ich beobachtete ihn noch eine Weile und beschloss dann zum Tierarzt zu gehen. Was ich sah beunruhigte mich, dieses Verhalten kannte ich von ihm gar nicht. So packte ich ihn ein und startete zum Tierarzt. Nach seiner Untersuchung stellte der Arzt Nierenversagen fest. Ich sollte ihn zur Überwachung dort lassen und holte ihn am Abend wieder ab. Als ich Moritz sah, füllten sich meine Augen mit Tränen, sein Zustand hatte sich nicht stabilisiert, er wirkte wirklich schlapp. Ich sollte am nächsten Morgen anrufen. Er war sehr schwach, wirkte auf mich irgendwie apathisch. Meine schlimmsten Befürchtungen klopften an.
An diesem Abend hatte ich schon das Gefühl, es könnte in der Nacht doch kritisch werden. Ich schlief sehr unruhig und schaute stets nach meinem kleinen Freund. Gleich am nächsten Morgen entschloss ich mich ihn wieder zum Tierarzt zu fahren, sein Zustand war unverändert schlecht. Die Tierärzte wollten noch einmal versuchen seinen Kreislauf anzukurbeln. Ich war sehr unruhig und mein Gefühl sagte mir, dass ich mich darauf vorbereiten musste, Abschied zu nehmen.
Gegen eins erhielt ich den Anruf, dass beide Tierärzte es für besser hielten ihn gehen zu lassen.
Seine Nieren arbeiteten nicht mehr, stauten sich und es gab keinen Weg etwas Sinnvolles dagegen zu tun. Ich war wie gelähmt, meine Gedanken rasten durch meinen Kopf. Nun waren wir machtlos.
Ich war wie in eine Nebelwolke, es dauerte eine Weile die Nachricht sacken zu lassen.
So fuhr ich an diesem Nachmittag zusammen mit meinem Freund zum Tierarzt und war im Auto schon unendlich traurig, hatte Angst vor

dem, was mir und Moritz bevor stand. Ich hatte mir fest vorgenommen, dass ich bis zum Ende bei ihm bleiben werde, sei es für mich noch so schlimm und traurig. Ich wollte stark sein und vor allem an seiner Seite.

Als ich ankam, wollte ich sofort zu ihm. Ich rief nach ihm und ein leises Stimmchen erwiderte ein zartes Miau. Ich ging zu ihm, er war ganz schwach und unfähig zu laufen. Wie benebelt lag er in dem weichen Kissen und schaute in die Richtung meiner Stimme, die immer wieder seinen Namen rief. Mir kam es so vor, als wäre er in einem Dämmerzustand, aber immer wieder antwortete er kleinlaut, wenn ich seinen Namen aussprach. Ich nahm ihn auf meine Schulter, streichelte ihn sanft und weinte so sehr, weil der Abschied nun kommen würde. Ich redete ihm gut zu und versprach bei ihm zu bleiben, bis er über die Regenbogenbrücke gehen wird. Mein Freund stand all die Zeit wortlos im Raum, dicht hinter mir. Ich dankte Moritz für seine so wundervolle Freundschaft. Dafür das er mich immer tröstete und für seine Liebe und sein unendliches Vertrauen, all das was er mir Zeit seines Lebens entgegen gebracht hatte. Der Tierarzt kam herein und erklärte mir detailliert seinen Zustand anhand der Ultraschallaufnahmen und Werte. Vielleicht um keinen Zweifel daran zu lassen, dass medizinisch hier tatsächlich Endstation war. Er nahm sich sehr viel Zeit, drängte nicht und ließ mir alle Zeit der Welt ihm Bescheid zu geben, wenn ich wollte, dass er das tut, was nun unvermeidlich schien. Ich wollte noch einen letzten Moment mit ihm genießen, meinem Moritz nah sein und mich in Liebe verabschieden. Ich spürte dass Moritz sehr müde war und sagte ihm, dass er nun bald erlöst sein wird. Wir würden nur solange getrennt sein, bis er mich dann irgendwann einmal an der Brücke abholen wird. Wir hatten so viel Zeit gewonnen, sechs weitere gemeinsame Jahre noch mit seiner Krankheit verbringen dürfen, für diese gewonnene Zeit war ich so unendlich dankbar.

In Frieden und Glück würde ich meinen lieben Freund und Wegbegleiter nun gehen lassen...

An meinen Worten erkannte der Tierarzt ohne Worte, wann ich bereit war. Er trat neben mich und erlöste meinen lieben Freund ganz sanft.

Noch immer lag er über meiner Schulter in meinen Armen. Immer noch streichelte ich ihn und hielt sein Pfötchen.
Der Arzt ließ uns wieder allein und kehrte leise eine Weile später zurück.
Sehr rücksichtsvoll kam er wieder auf mich zu und fragte, ob er ihn mir in die Tasche legen sollte.
Ich nickte nur. Dann nahm ich die Tasche, bezahlte meine Rechnung und ging wie benebelt zum Auto.
Ich war so froh darüber, dass ich nicht allein war. Stilles Schweigen herrschte, auf der Rückfahrt noch immer streichelte ich Moritz über den Kopf. Er lag in der Tasche, als würde er friedlich schlafen. Über Nacht blieb er bei mir im Haus, immer wenn ich an seiner Tasche vorbei kam, streichelte ich seinen Kopf. Am nächsten Morgen stand ich auf und vermisste sofort seinen Morgenalarm an meinem Bett. Blitzartig wurde mir bewusst, dass er wirklich gegangen war, es war kein Traum...
Ich ging wieder zur Tasche und streichelte ihn. Immer wieder...

Im Zwiegespräch mit ihm verbrachte ich noch einige Zeit des Vormittags, bis es daran ging ihn zu beerdigen. Im Garten meiner Eltern fand er sein letztes geruhsames Plätzchen.

Das Haus kam mir so unendlich leer vor, ohne die Drängelei um Punkt sieben Uhr morgens und abends. Ohne das Gejammer am Bett, wenn ich nicht gleich aufstand und sein Gesicht an meines hielt und mich schnaufend anschnurrte.
Seine Tasche mit den Diabetes-Utensilien lag noch immer auf dem Küchenschrank, das wollte ich auch so. Ich habe das kleine schwarze Täschchen bis heute behalten, so wie es damals zurückgeblieben war. Jeder Morgen und Abend kam mir so unausgefüllt vor, ohne Messen, ohne Spritze, ohne seine Stimme....
Es war so still! Er fehlte so sehr!

Trotz des schmerzlichen Abschieds, konnte ich gut mit der Gewissheit leben, dass ich stets alles für ihn getan hatte. Die vergangenen sechs

Jahre waren uns geschenkt worden und wir haben sie in Glück genutzt.

Nun aber war die Zeit gekommen, sein Körper war alt und müde.

Konnte ich doch froh darüber sein, dass wir es überhaupt auf ein durchschnittliches Lebensalter eines Katers von fünfzehn Jahren geschafft hatten.

In tiefer Trauer druckte ich mir einige seiner Bilder aus und hängte sie auf. Immer wieder sah ich sie an und wünschte mir, dass es ihm hoffentlich gut ging, als er diese Welt verlassen hatte.

Auch heute denke ich oft an ihn zurück und scherze mit Freunden und Familie noch gern über seine hinreißenden Episoden.

Mit Moritz wuchs ich nach der Diagnose Diabetes mental und emotional noch viel näher zusammen, als in den neun Jahren zuvor.

Wie durch ein unsichtbares Band waren wir eng miteinander verbunden.

Mit Moritz lachte, weinte, liebte und lebte ich fünfzehn Jahre meines Lebens und für immer wird er ein Teil von mir bleiben.

Meine Erinnerungen werden nie verblassen, die Gefühle und Erlebnisse sind abrufbar, wie zu jener Zeit, als er noch bei mir war.

Mein lieber Moritz, ich würde mich freuen, wenn du irgendwann, wenn ich dann gehen muss, an der Brücke stehst und mir wieder das Gefühl von Trost und Vertrauen schenken wirst.

Ich werde nach Dir Ausschau halten und Dich bei unserem Wiedersehen beherzt in meine Arme schließen, auf meine Schulter legen, dich herzen in tiefer, nie endender Freundschaft und Verbundenheit.

Von ganzem Herzen danke ich Dir für Deine unerschütterliche Liebe, Dein unendliches Vertrauen und dafür, dass du es mir leicht gemacht hast, die Aufgaben unseres gemeinsamen Lebens in Deinem Sinne erfüllen zu können.

Alles tat ich so gern für Dich und mit ganz viel Liebe

Ein ganz herzlicher Dankesgruß

Von ganzem Herzen möchte ich mich ganz aufrichtig bei allen lieben Menschen bedanken, die unseren Weg so hilfreich, aufopferungsvoll und mit vollster Unterstützung begleitet haben.

Ein ganz persönlicher und herzlicher Dank geht an Helga und alle Mitglieder des Forums auf katzendiabetes.de, die uns immer und zu jeder Tages-und Nachtzeit unterstützt haben.
Stets seid ihr für uns erreichbar gewesen, habt mit uns gelitten, gebangt und alle Daumen gedrückt.
Ohne euch hätten wir es nicht geschafft!

Ganz besonders herzlich bedanke ich mich, auch im Namen von Moritz, für jede mentale und tatkräftige Unterstützung und Rückendeckung bei:

Christel
Stina
Maren
Dr. Sameh
Hans-Jürgen
Beke
Lilly
Monika vom Bluemoon Animal Center
Frau Weber
Doreen und Evi,
den liebevollen Futterbringern aus der Schweiz und
meiner Familie
Herzlichst danke ich für Zuspruch, Hilfe, Verständnis und Mitgefühl.

Wir werden euch nie vergessen, dass ihr da gewesen seid, als wir euch am meisten brauchten.
Ohne euch hätten wir es auch nicht geschafft!

Einige Zeit später ...

Hier der liebenswerte Nachfolger Boris,
der Prinz vom Mas Fumats .

Boris wurde in Barcelona geboren, lebte dann die längste Zeit seines
Lebens in der Nähe von Girona bis sein Herrchen diese Welt verließ. Er
ist weit gereist, um seinen Lebensabend beschaulich und gemütlich in
seinem neuen Zuhause zu verbringen.
Mit seinem sanftmütigen und liebevollen Charakter schnurrte er sich
ganz schnell in mein Herz und bezaubert mich an jedem Tag.

Wenn Boris schmusen möchte, kommt er auf den Schoß, stellt sich auf
und reibt sein Gesicht an den Menschen, die er mag. Eine zauberhaft
herzliche Geste.
Er macht so viel Freude und ist im Gegensatz zu Moritz ganz ungefähr-
lich bei Kinderbesuch.
Seltsamer Weise hat er sich genau einige Verhaltensweisen ange-
wöhnt, welche damals Moritz hatte.
Ich frage mich ständig, wie das wohl sein kann? ;-)